이데아 시티

이데아 시티
대한민국 미래 도시전략

매일경제 국민보고대회팀 · 여시재 · 포스리 · 포스텍 지음

매일경제신문사

발간사

2018년 비전코리아 국민보고대회는 2013년 이후 5년 만에 '도시'라는 화두를 다시 꺼냈다. 우연찮게도 새 정권이 들어선 이후 첫 국민보고대회의 주제가 연거푸 도시인 셈이다.

이미 세계는 국가보다 도시가 경쟁하는 시대로 접어들었다. 한·중·일의 경쟁은 국가 자체보다는 서울, 베이징, 도쿄의 대리전이 더 뜨겁고 직관적이다. 도시 간 경쟁은 근대국가의 최상위 권력인 주권(국적)을 내려놓고 시민 삶의 질, 문화, 생산성을 겨루는 진검승부인 셈이다.

중국에선 시진핑 주석이 '도시 천년대계'를 꿈꾸며 중국의 미래 스마트 시티인 슝안신구 건설을 진두지휘하고 있다. 선전과 푸둥을 넘어서는 최첨단 미래 도시로 새로운 성장동력을 만들겠다는 뜻이다. 구글은 캐나다 온타리오주에 사이드워크랩스Sidewalk Labs 프로젝트를 추진하면서 혁신적인 미래 도시 모델을 현실화하겠다는 청사진을 밝혔다. 미래 산업의 가장 강력한 자원인 지식을 생산하고 공유하고 활용하는 데 아무런 규제를 두지 않겠다는 민간의 도전이다.

〈매일경제〉는 2013년 21차 국민보고대회에서 21세기는 창조적 도시가 발전을 주도하는 시대이며 그 중심에는 도시화를 이끄는 아시아가 있다는 이른바 '원아시아 도시 선언'을 한 바 있다. 실제로 사람의 삶에 끼치는 영향력은 물론 경제성장과 기술 발전, 문화 창달 같은 국가적 가치에 대한 답을 이제 도시에서 찾아야 하는 시대다. 인간에게 새로운 길을 제시할 수 있는 미래 도시는 이전의 국가주도형 메가시티를 넘어서야 한다는 게 이번 27차 국민보고대회의 진일보한 주장이다.

미래 도시는 첨단기술이 융합되고, 구성원이 함께 참여하며, 현실과 가상세계가 열려 있고, 규제와 진입장벽이 없는 공간이어야 한다. 그리고 4차 산업혁명으로 대표되는 인공지능AI, 사물인터넷IoT, 블록체인, 자율주행차 등의 첨단기술이 도시 플랫폼에 녹아들어야 한다. 이를 위해선 빅데이터를 모아 처리하고 공유하고 솔루션을 내놓을 수 있는 '규제 프리존'이 필수적이다. 규제와 기득권이 가득 찬 기존 대형 도시에서는 이를 시도하기 어렵다.

또한 온라인 가상공간에서는 시민과 기업, 전문가들이 아이디어와 기술을 제시하고 함께 토론하는 공론장public sphere의 존재가 필수적이다. 공론장에서 채택된 기술과 아이디어의 경우 스마트 시티가 인센티브를 준다. 공론장에서는 가상의 도시를 실제로 설계, 건설, 운영하면서 백지 상태의 미래 도시를 짓는다. 여기선 첨단기술의 적용은 물론 블록체인을 통한 직접민주주의 등의 거버넌스 시스템도 실험해볼 수 있다. 이런 가상의 도시는 실제 현실 세계에 그대로 투영돼 건설되고, 현실과 가상의 세계는 거울처럼 서로를 비추며 계속 시너지를 낸다. 이것이 바로 27차 국민보고대회에서 주창한 'IDEA CITY이데아 시티'의 개념이다.

문재인 정부도 2018년 1월 미래 성장동력의 한 축으로 스마트 시티 추진전략을 발표했다. 스마트 시티를 관장하는 민관협력기구와 컨트롤타워를 만들어 집권 초부터 기민하게 준비하는 점은 높게 살 만하다. 하지만 이번 정권을 넘어서 국가의 100년 미래 성장 플랜을 가지고 본질적인 혁신을 해야 한다는 점도 잊지 말아야 한다.

인간이 수렵사회, 농경사회, 공업사회를 거치면서 도시는 그 선두에서 변화를 이끌었다. 이제 4차 산업혁명과 함께할 지식 산업과 자본주의 이후의 신문명을 담아낼 도시들이 전 세계를 이끌어갈 것이다. 한국이 미래 스마트 시티의 원형이 될 이데아 시티 프로젝트를 성공적으로 완수해야 하는 이유다.

비전코리아 프로젝트는 한국의 21세기 비전으로 '두뇌강국'을 설정하고 이를 구체화하는 범국민 실천운동이다. 또한 국민보고대회는 한국의 미래에 대한 커다란 밑그림을 그리는 작업이기도 하다. 또한 세계적 컨설팅 업체, 국내 대학과 연구기관 등 싱크탱크와의 지속적인 공동 연구를 통해 개인과 기업, 정부 등 각 경제주체가 어떻게 변해야 하는지를 명확한 구체적 액션플랜으로 제시해왔다. 27차 국민보고대회도 한국이 미래를 선도할 두뇌강국으로 가기 위한 대한민국 스마트 시티 전략을 구체화하는 데 집중했다.

매경미디어그룹은 국민보고대회에서 제시한 'IDEA CITY, 대한민국 스마트 시티 전략'이 구체적으로 실천되고 각계각층의 지속적인 관심을 불러일으킬 수 있도록 노력할 것을 약속드린다.

매경미디어그룹 회장
장대환

Contents

1부

이데아 시티란
무엇인가?

시민들과 기업, 정부와 지자체, 도시 전문가들은 온라인 공론장에서
도시의 비전부터 세부적인 설계까지 의견을 모아 가상 도시를 세워야
한다. 이 가상 도시는 인간의 혁신과 창의적 아이디어를 담아내는
실험실이다.

머릿속의 도시를
재정의하라

새로운 도시 플랫폼, 이데아 시티

21세기 들어 기술의 진보가 보이는 뚜렷한 특징 하나가 있다. 기술로 인해 인간의 한계가 빠르게 제거되고 있다는 점이다. 의료용 로봇이 사람의 다리 역할을 하거나, 두뇌가 다 기억하지 못하는 것들을 인공지능이 기억하는 것은 극히 일부의 사례다.

레이 커즈와일 같은 이들은 인간의 수명이 정밀의학 등으로 인해 300살까지 늘어날 것이라고 주장한다. 유발 하라리는 심지어《호모데우스》에서 인간은 신이 될 것이라고 말한다. 유기체로 이뤄진 인간의 경험과 생각을 지배하는 것이 신이라면 데이터로 이뤄진 디지털 세상에서 모든 알고리즘을 지배하는 신과 같은 존재는 인간이라는 것이다. 기술로 인해 인간은 무언가 과거와 다른 존재로 변해가는 듯하다.

그러나 인간이 무언가 대단한 존재로 변화하는 것에 비해 인간을 둘러싼 공간과 사회는 급격한 변화를 겪지 못하고 있다. 여전히 인간에겐 먹고, 입고, 잠잘 공간(집)이 있어야 하고 타인들과 거래하고 대화할 사회(직장)가 있어야 한다. 그리고 이 모든 일들

카이스트에서 개발한 인간 보조형 로봇 '휴보'

은 대부분 아주 오래전부터 만들어진 '도시'라는 틀에서 이뤄진다. 도시는 겉으로 많은 변화를 겪었지만 도시 안에서 인간의 삶은 크게 변화하지 않았다. 적어도 인간이 인공지능으로 넘어가는 것과 같은 급격한 삶의 변화가 과거의 도시에서 현재의 도시로 넘어가는 과정에서 벌어지지는 않았다.

그렇다면 인간의 삶이 근본적으로 변화하는 이 시기에 도시의 모습은 변화하지 않을 것이라 기대할 수 있을까? 유기윤 서울대 건설환경공학부 교수는 지금처럼 기술 개발에 많은 자원과 에너지가 투입된 적이 역사상 없었으며, 지금처럼 기술 개발이 급격하게 이뤄진 적도 없다고 말했다. 그리고 이런 급격한 기술 개발이 자연에서 관찰되는 경우는 액체

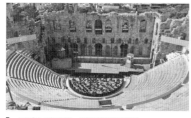
그리스 파르테논 신전에서 발견된
원형극장

3,000년 전 극장의 모습과 현대 극장의 모습에는
큰 차이가 없다

가 기체로 변화할 때처럼 완전한 변화 외에는 거의 없다고 덧붙였다. 이런 기술 진보는 인간을 둘러싼 도시의 공간을 완벽하게 바꿔놓을 것이라는 예측이다.

〈매일경제〉와 재단법인 여시재, 포스리, 포스텍 실무자들로 구성된 27차 국민보고대회 연구진은 도시의 급격한 변화에 주목하기로 했다. 지금의 기술은 인간이 어떻게 더 나은 존재로 진화하는지를 보여주지만, 현재 인간이 모인 도시라는 공간과 사회가 어떤 존재로 진화하는지는 보여주지 못하기 때문이다. 지금과는 완전히 다른 도시는 어떻게 탄생할까? 이것이 국민보고대회 연구진이 답하려 했던 문제였다.

결론부터 말하자면 국민보고대회 연구진은 지금의 도시를 모사simulate한 가상의 도시를 도입하자는 아이디어를 주장한다. 완전히 백지 상태에서 도시에 들어올 시민들과 기업, 정부와 지자체, 도시 전문가들이 함께 모인 온라인 공론장을 만들어 도시의 비전부터 세부적인 설계까지 의견을 모으는 것이다. 이 가상 도시는 백지 상태에서 인간이 상상하는 모든 것들을 구현할 수 있는 곳이다. 디지털 형태로 도시가 완벽하게 구현될 경우 현실 세계에 이식하는 것을 전제로 한다.

정부는 이 가상 도시에 참여하기 위해 탁월한 아이디어나 기술을 내놓아 선정된 경우 인센티브를 준다. 도시 내 임대주택 입주권이나 토지사용권을 줄 수 있고, 도시 안에서 통용되는 암호화폐를 줄 수도 있다. 다수의 아이디어와 기술이 집약된 이 가상 도시는 전문가의 손을 거쳐 온라인상에서 구현되고, 실제 운영하면서 미세하게 조정된다. 가상 도시가 실제 공간에 구현되더라도 가상 도시 플랫폼은 계속 존재하면서 도시를 운영하고 실험하는 미러mirror 시스템으로 존재한다. 가상과 실제가 서로 자신을 비추면서 동기화되는 미래형 플랫폼이다.

이런 미래 도시 플랫폼은 개념적으로 백지 상태인 신도시에 우선 적용될 수 있다. 기존 도시에 덧칠하는 스마트 시티 개념에서는 새로운 시스템을 실험하기에 상당한 제약이 따르기 때문이다. 신도시를 만들기 위해 실제 입지를 다지고 도시계획을 수립하는 일련의 과정에서 새로운 도시 플랫폼은 효율적인 교량 역할을 할 수 있다.

문재인 정부에서 4차산업혁명위원회 스마트시티특위 위원장을 맡은 김갑성 연세대 건축도시공학부 교수는 이렇게 말했다.

"온라인 공론장에서 이해 당사자들이 모여 스마트 시티를 계획 및 설계하는 가상 도시 플랫폼은 인류가 한 번도 해보지 못한 도전이다. 하지만 미래를 이끌어갈 스마트 시티는 결국 이런 방식으로 구현될 것이다.

정부와 지자체는 톱다운 방식으로 밀어붙이기식 도시 설계를 하지 않고 민간의 아이디어와 기술을 최대한 반영한 도시 설계 공론장 모델을 만드는 데 사활을 걸어야 한다."

국민보고대회 연구진은 이 도시의 이름에 '이데아 시티'라는 이름을 붙이기로 했다. '이데아IDEA'는 플라톤 철학의 중심 개념으로 모든 존재와 인식의 근거가 되는, 항구적이고 초월적 존재를 의미한다. 이데아 시티에는 도시라면 '당연히 그래야 하는' 모습들을 기술과 공론장의 힘을 얻어 담겠다는 의미가 담겼다. 그리고 다양한 이들의 아이디어를 경쟁시키겠다는 뜻도 있다. 미래 도시 플랫폼에 인간의 혁신과 창의적 아이디어들을 담아내는 것이 좋다는 가치지향성도 가진다.

기술과 가치를 담은 새로운 도시의 필요성

플라톤은 이데아를 영원하고 변하지 않는 사물의 본질적인 원형이라고 봤다. 플라톤에게 현실 세계는 단지 이데아의 모사에 지나지 않는다. 국민보고대회 연구진은 바로 이런 이데아의 정의에 입각해 이데아 시티는 인간이 미래 사회의 불변할 가치에 대해 먼저 합의하고, 이를 현실 세계에 반영해나가는 기술적 도구다.

오늘날의 도시들은 인간의 생활을 힘들게 하는 여러 가지 문제점들을 안고 있다.

첫째, 수많은 자원들을 낭비하며 오염물질을 쏟아낸다. 이런 대량 소비 형태로 길들여진 도시 문화가 중국, 인도 등에 새롭게 생겨나는 도시에 그대로 이식되고 있다. UN에 따르면 2030년까지 전 세계 인구 90억 명의 절반이 넘는 인간이 도시와 그 주변부에 머물 것이라 예상된다. 이대로라면 도시로 인해 인류는 생존을 위협받을 수도 있다.

둘째, 도시 내 계층 분절의 문제가 심각하다. 크레디트스위스은행은 2014년 기준 전 세계의 자산 약 263조 달러(약 28경 752조 원) 중 약 절반인 115조 9,000억 달러(약 12경 3,000억 원)를 세계 인구의 상위 0.7%가 보유한다고 밝혔다. 오늘날 개발도상국 가구의 75%가 1990년대보다 소득 불평등이 더욱 늘어난 사회에서 살고 있다. 이로 인해 같은 도시 안에서도 서로를 같은 도시민이라고 여기지 않는 현상들이 나타난다. 사실 오래된 도시문제이지만 최근 들어 그 경향이 심해졌다. 젠트리피케이션 현상도 도시민들의 분열을 일으키는 원인 중 하나다.

셋째, 오늘날 도시의 개발은 미래 세대를 전제하고 이뤄지지 못한다. 인공지능, 사물인터넷 등 수많은 기술이 포함된 스마트 시티 모델이 계속 등장하지만 이러한 기술이 어떤 가치를 담아야 하는지에 대해서는 합의된 사항이 많지 않다. 오히려 인공지능이 다수의 지식노동자들을 대체하고, 자율주행차는 택시운전사들과 택시운송사업자들을 대체할 확률만 높다.

이러한 도시문제에 대한 대안이 이데아 시티에 담길 필요가 있다. 이데아 시티는 우리가 발을 디딘 땅 위에 모사될 신도시의 원형이며, 현실의 여러 제약을 뛰어넘어 미래 도시의 이상향을 꿈꿀 수 있게 하는 희망이다. 또한 현실 도시와 상호작용하면서 끊임없이 실험되고 발전하며 자체적으로 증식하는 인류 지성과 신기술의 집약체이다.

인류가 이데아 시티를 꿈꿀 수 있는 것은 첨단기술의 발전에 기인한다. 어마어마한 데이터를 디지털화해서 분석하고, 정보 비대칭이 없는 공론장에서 인간의 지성을 모으고, 가상 세계와 현실 세계를 거울처럼 연결하고, 끊임없이 변화하고 도전하면서 지속 가능한 모델을 제시하는 기술이 가능해졌기 때문이다.

뒤에서 자세히 다루겠지만 이데아 시티와 가장 근접한 사례인 핀란드의 칼라사타마 프로젝트는 20여 개의 스타트업들과 도시를 바꿔보겠다는 도전의식을 가진 혁신가클럽Innovator's Club의 자발적 참여를 통해 진행되었다. 구체적으로 실제 공간의 데이터를 공간 정보와 연계해 가상화한 CPSCyber Physical Systems의 발전이 '디지털 트윈' 개념을 만들어냈다. 예를 들어 서울의 지반 특성과 개별 건축물의 데이터, 각종 위험시설 정보, 교통 현황, 인구구조 등을 입력해 지진 등 재난 발생 시 서울이 어떤 타격을 받고 어떻게 대처해야 하는지를 시뮬레이션하는 것과 비슷하다. 스마트 시티는 가상 세계의 도시를 먼저 만들어 현실에 모사한다는 점에서 위의 사례와 역방향이다. 이는 최근 급성장하는 가상현실VR과 맞물려 이데아 시티와 현실 도시의 경계를 점점 희미하게 한다.

한 도시를 가상 세계에서 먼저 그리는 작업은 엄청난 양의 데이터를 요구한다. 예를 들어 신도시의 가로수 종류와 높이를 이상적으로 산정하기 위해서는 주변 건물과 도로의 통행량까지 면밀히 살펴야 한다. 이런 통합적인 정보처리와 문제 해결은 딥러닝이 가능한 인공지능의 힘을 빌리지 않을 수 없다.

이를 위해선 현실 도시의 온갖 데이터를 실시간으로 디지털화해서 공급할 수 있는 사물인터넷 인프라가 필수적이다. 스마트 시티에서의 주민 동선과 교통정보, 날씨와 환경오염, 범죄와 질병 등 모든 것이 정보이자 지식이고 자원이다. 여기서 주민이 수요자임과 동시에 생산자라는 '리빙랩'이라는 개념이 도출된다. 예를 들어 에스파냐의 도시 산탄데르에서는 2만여 개의 센서와 콜렉터, 카메라 등이 촘촘하게 연결돼 실시간으로 도심 상황을 파악하면서 데이터를 활용한다.

신이 없다고 전제한다면 이데아 시티를 설계하고 운영하기 위해서는 인간의 지성을 모을 수 있는 투명하고 공명정대한 공론장이 필수적이다. 이를 위해 블록체인이라는 강력한 도구를 활용할 수 있다. 자신의 아이디어와 기술을 블록체인에 올려 공론화하면 누구도 작품을 함부로 도용할 수 없다. 그 아이디어가 이데아 시티를 풍성하게 했다고 다수가 판단하면 이에 대한 인센티브가 최초의 설계대로 공정하게 집행될 것이다.

엄청난 정보가 실시간으로 유통되고 반영되고 변화하는 이데아 시티는 기본적으로 상상할 수 없는 에너지를 소비할 수밖에 없다. 지속 가능한 발전을 위해 새로운 에너지원을 개발하고 허투루 없어지는 에너지를 줄이는 기술의 도약이 시급한 이유다. 태양광, 풍력, 지열, 소형 원전, 수소 등 친환경에너지원의 개발, 사물인터넷 기반의 스마트그리드 개발이 이데아 시티의 중요한 축이 될 것이다. 자율주행 기술과 연동된 모빌리티 공유경제의 확산도 도시의 에너지 소비를 획기적으로 줄일 수 있다.

알파고가 보여줬던 아찔한 IT 기술의 발전은 우리의 예상보다 이데아 시티의 도래를 더욱 앞당길 것이다. 그리고 미래 도시의 원형을 선점하는 집단이 미래의 영토를 독식할 것이다.

전 세계 속
스마트 시티

주민참여형 설계도시, 핀란드 칼라사타마

칼라사타마는 핀란드의 낡은 항구도시다. 유명한 관광지도 아니고 산업적으로 뛰어난 도시도 아니다. 그런데 이 도시에서 유명한 것이 한 가지 있다. 바로 스마트 시티를 표방하는 전 세계 도시 가운데서 리빙랩 개념을 도시개발 단계부터 적용했다는 점이다.

칼라사타마의 개발은 주민과 시민단체가 설계에 참여하고 각종 아이디어를 자유롭게 도시에 접목시키는 방식으로 진행된다. 주민참여형 설계도시를 표방하는 이데아 시티에 칼라사타마의 경험은 맞춤형 참고자료다. 칼라사타마가 인구 2만 5,000명, 1.8km² 면적에 1만 개 일자리를 목표로 한 중규모 도시를 목표로 한 점도 이데아 시티와 비슷한 부분이다.

다만 실험을 중시하는 개발 방식 탓에 2013년 착공한 칼라사타마 개발은 2030년에야 완료될 전망이다. 2만 5,000명 규모의 도시를 짓는 데 17년이나 걸리는 것은 우리 정서로는 이해할 수 없는 방식이다. 그러나 칼라사타마 개발 당국은 속도가 아닌 협업과 창의력에서 그 가치를 찾고자 한다.

　2018년 1월 국민보고대회 연구진이 찾아간 칼라사타마 곳곳에는 주민들이 아이디어를 제안하고 참여하는 실험이 한창이었다. 대표적인 실험 중 하나가 사무실, 사우나, 학교 등 시내의 모든 공간을 대여가 가능한 공간으로 만드는 플렉시 스페이스Flexi Space 사업이다. 한마디로 도시 전체에서 에어비앤비를 시행하는 것이라 보면 된다. 주민들은 사유지를 공유하고 서비스 이용 후에 의견을 개진하는 방식으로 참여한다. 아직 시내 일부 건물과 주차장에 한해 사업이 시행되지만 향후 도시 전반에 확대할 계획이다.

▎핀란드 칼라사타마에 있는
▎플렉시 스페이스

　칼라사타마 개발을 맡은 시정부 산하기관인 포럼비리움의 개발총괄인 까이사 스필링은 "최종적으로는 시내 모든 공간을 하나로 연결해 결제가 가능하게 하는 시스템을 갖추는 것이 숙제다. 이를 위해 시정부는 건설 업체들이 스마트 보안장치를 설치하도록 유도한다"고 말했다. 그 외에도 가전제품별 전력 및 물 소모량을 실시간으로 체크해 과소모를 방지하는 기술, 전기자동차 활용을 높이기 위해 주차장 3군데 중 1군데에 충전장비를 설치하려는 계획 등도 주목된다.

시정부와 업체의 역할에 더해 시민들의 활발한 참여도 두드러지는 모습이다. 칼라사타마 시민들이 검증되지 않은 기술을 생활 속에 허용하고, 개인 시간을 쪼개 관련 토론에 참여하는 것을 보면 시민들에게 실험 참여에 대한 의무가 주어진다고 오해할 수 있다. 그러나 실험 참여는 자율적으로 이뤄지며 참여에 대한 인센티브가 주어지지도 않는다. 그럼에도 2018년 초 기준 3,000명의 입주민 중 1,200명가량이 리빙랩을 통해 각종 프로젝트에 참여해 기꺼이 피실험체가 됐다. 다음은 포럼비리움 측의 설명이다.

"새로운 기술에 대한 호기심과 공동체가 더 발전하기를 바라는 마음으로 참여가 이뤄진다. 스타트업이 프로젝트를 공개하고 시민 참여를 받는 형식인데, 좀 더 많은 시민을 참여시키기 위해 스타트업들은 실험에 가치를 부여하고, 기술을 흥미롭게 보이도록 꾸미는 일이 중요하다."

시민 참여를 만드는 또 하나의 원동력은 안전에 대한 신뢰다. 칼라사타마 시내를 달리는 무인버스인 소흐요아sOHJOA의 사례가 대표적이다. 시험 초기 시내 중심가를 달렸던 소흐요아는 작은 오작동이 발견된 후 스스로 시험 장소를 시 외곽으로 옮겼다. 사고가 발생한 것도 아니고, 시속 15km의 속도로 달리며 시민들에게 안전하다는 이미지를 심어준 상황이었지만 만에 하나 발생할지 모를 사고를 대비한 조치였다. 그런데 시민들은 "굳이 저 버스를 시 외곽으로 옮길 필요가 있나?"라는 반응을 보였다고 한다. 이 정도로 공공 정책에 대한 신뢰가 깊으니 시민들의 참여가 높을 수밖에 없다.

업체와 이해관계자 간 활발한 대화의 장이 열리며 예상치 못한 성과가 발생하기도 한다. 차량공유 서비스를 운영하는 스타트업인 KYYTi는 칼라사타마의 리빙랩 덕에 주차장 확보 고민을 해결했다. 도시 내 건물주들이 기꺼이 주차공간을 제공했기 때문이다. 다음은 KYYTi 관계자의 말이다.

"건물주는 입주민에게 주차공간을 제공해야 하는 고민이 있는데, 건물 내 주차장에서 곧장 공유차량을 이용할 수 있게 만들어 차 없는 입주민의 비중을 대거 늘리자는 해법이 대화 도중 나왔다. 기업과 건물주가 대화할 기회를 시가 제공해주지 않았다면 차량공유 서비스와 건물주들의 이해관계가 일치할 것이라고 꿈에도 생각 못했을 것이다."

칼라사타마를 제대로 개발하고 싶은 핀란드인의 열망을 확인할 수 있는 또 하나의 사례는 교통 인프라 사업인 '크라운 브리지'다. 수도 헬싱키와 그 건너에 있는 신도시인 라아야를 잇는 다리 건설 프로젝트다. 총 10km에 달하는 육상 교통망으로 약 2억 6,000만 유로(약 3,400억 원)의 예산이 투입되는 대형 사업이다. 특이한 점은 이 계획에 자동차가 완전히 배제된다는 것이다. 옛날 수도 중심지와 신흥 시가지를 연결하는 대형 육상 교통망을 경전철, 도보, 자전거로만 구성한다는 방침이다. 환경 보호와 교통 효율화를 위해 2025년까지 자동차가 필요 없는 도시를 구축한다는 목표는 단순한 구호가 아닌 실천 대상이다.

크라운 브리지 계획을 위해 공사 구간에 있는 석탄화력발전소를 철거할 계획도 있다. 한마디로 칼라사타마는 국민보고대회 연구진이 말하는 도시의 지고지순한 가치인 지속 가능성, 공동체 중심, 미래 세대를 위한 요람 등을 다양한 실험들을 통해 현실화하는 공간이다.

국가 전체가 거대한 실험실, 안도라공국

에스파냐와 프랑스 사이에 있는 인구 8만 명, 제주도의 1/4 크기인 안도라공국. 우리에겐 아직 이름조차 생소한 국가이지만 이곳에선 수년째 국가 전체를 대상으로 스마트 국가 모델 실험이 한창이다. 안도라공국 정부는 MIT 미디어랩과 협약을 맺고 다양한 프로젝트를 수행 중이다. 국가 전체가 거대한 실험실인 셈이다. 이 소국에선 어떤 실험이 이뤄질까?

안도라공국에는 매년 800만 명의 관광객이 몰려온다. 휴양지에 놀러 갔다가 밀려오는 차량 때문에 옴짝달싹하지 못했던 경험이 있다면 체계적인 교통 시스템의 중요성에 대해 짐작할 수 있다. 안도라공국의 스마트 시티 프로젝트도 자연스럽게 투어리즘과 모빌리티에 대한 연구에서부터 시작됐다.

국가 중심부에 있는 칼데아 혁신센터에 들어서면, 국가 전체를 조망할 수 있는 모형이 있다. 도시 전체의 건물은 레고 같은 블록 형태로 구현했다. '시티스코프 안도라'라는 이름의 모형은 프로젝트의 핵심인 물리적 디지털 플랫폼이다. 천장에 설치된 프로젝터를 통해 여러 데이터를 모형 위에 투사할 수 있다. 예를 들어 관광객 정보를 보여주는 애플리케이션을 실행시키면 사람의 이동 경로가 모형 위에 나타난다. 사람들은 개인 특성에 따라 색깔과 모양으로 구분되는데 국적이나 성별 등에 따

안도라공국 칼데아 혁신센터에 있는
'시티스코프 안도라'

이데아 시티: 대한민국 미래 도시전략

라 빨간색 원, 파란색 네모 등으로 나타나는 식이다. 이런 정보는 안도라 텔레콤의 도움을 받아 이들이 사용하는 모바일 신호와 위치별로 설치한 안테나를 통해 수집한다. 개인 정보 수집과 관련돼 EU의 규정을 맞추다 보니 수집 데이터에 한계가 있지만, 방문객이 무료 와이파이를 사용할 경우 좀 더 많은 정보를 받을 수 있도록 보완했다.

안도라공국 정부는 데이터를 통해 관광객들이 어떻게 도심으로 오는지, 어디가 붐비는지를 살펴본다. 개선할 점이 발견되면 시뮬레이션을 돌려 최선의 해결책을 찾는다. 특정 지역에 주차장을 만들 경우 차들이 어떻게 이동하는지, 어떤 건물을 다른 곳으로 옮기면 사람들이 어떻게 움직이고 고용 효과가 어떻게 나타날지, 상가와 주거시설의 최적 조합은 무엇인지 등을 레고 블록과 빅데이터를 통해 살핀다.

시티스코프 안도라에선 관광과 교통 외에도 여러 애플리케이션이 가동된다. 태양열발전 애플리케이션을 실행하면 태양열발전 관련 정보가 모형 위에 펼쳐진다. 재생에너지 비중을 높이기 위한 국가 계획에 따라 안도라공국 내 모든 건물의 옥상에는 태양열발전 설비가 있다. 시티스코프 안도라에서 건물을 클릭하면 그 건물에 태양열발전 모듈을 얼마나 설치할 수 있는지, 계절별로 얼마나 많은 에너지를 만들 수 있는지 확인이 가능하다.

안도라공국 국민들은 이렇게 만든 에너지를 전력 회사에 판매할 수도 있고 얼마를 받을 수 있는지도 확인할 수 있다. 안도라공국에선 이 밖에도 사람의 습관과 에너지 소비의 관계에 대해 연구하는 'TerMITes', 사람과 사물을 인식하고 전용 레인을 스스로 달리는 소형 전기자동차 'PEV Persuasive Electric Vehicle' 등 여러 프로젝트가 진행 중이다.

이런 모든 프로젝트들은 '열린 상태에서 혁신을 이루기 위해' 진행된다. 예를 들어 시티스코프 안도라는 정부와 연구소는 물론 기업과 시민들까지 누구나 방문해 다양한 데이터를 얻을 수 있다.

안도라공국은 스스로 가진 도시문제(교통, 에너지 등)를 혁신적 시민들의 참여와 실험을 통해 해결하려 한다는 점에서 이데아 시티의 중요한 사례다. 특히 도시는 혁신해야 한다는 중요한 도시의 가치를 보다 잘 실현하기 위해 레고 블록과 같은 디지털 플랫폼을 활용하는 것에 주목할 필요가 있다.

"혁신을 위한
가장 값싼 방법은 실험이다."

길버트 사보야
안도라공국 경제혁신부 장관

"안도라공국 스마트 시티 배경은 기업가 정신이다. 결정을 내릴 때마다 리스크가 따르지만 사람들 삶에 해결책을 제시하는 데 다른 길은 없다."

길버트 사보야 안도라공국 경제혁신부 장관은 연신 기업가 정신을 강조했다. 그리고 혁신이 정말 효과가 있는지, 예상치 못했던 문제는 없는지 점검할 수 있는 가장 중요한 방법은 '실험'이라고 말했던 사보야 장관과의 인터뷰는 미래 도시의 중요한 가치 중 하나가 이러한 실험 정신일 수 있음을 깨닫게 한다.

"정부가 각종 공공 프로젝트를 통해 문제 해결책을 찾을 때 가장 먼저 생각하는 것은 '효과가 없으면 어떡하나', '생각지도 못한 문제가 발생하면 어떡하나'이다. 그런 걱정 때문에 실제로 할 수 있는 수많은 프로젝트들을 실행하지 못하고 덮기도 한다. 하지만 사람들이 실생활에서 어떻게 움직이는지, 어떤 행동을 하는지 탐구하기 위해선 실제로 실험해보는 리스크를 무릅쓸 수밖에 없다. 사실 공공 혁신을 위해 가장 값싸게 쓸 수 있는 방법은 실험이다."

도시를 통한 집단적 실험은 집단지성, 즉 오픈 이노베이션을 활용하는 방식이다. 유일한 통신사업자인 안도라텔레콤에 많은 권한을 주고, 시티스코프 안도라를 기업과 시민들에게 개방한 이유는 이런 오픈 이노베이션이 궁극적으로 미래를 탐색하는 가장 효율적 방식이라 믿었기 때문이다. 이에 대해 사보야 장관은 사람들을 한곳에 모아야 했고 어떤 문제가 있는지부터 답을 함께 찾으려 했다고 말했다. 안도라공국의 핵심 산업이 관광업인 만큼 사보야 장관은 관광객의 행동 양식에 관심이 크다.

"관광객은 크게 일회성 방문객과 정기적으로 방문하는 충성 방문객으로 나뉜다. 안도라공국 정부는 이런 충성 방문객들이 언제 오고 어디를 가는지 등에 대한 정보를 시티스코프 안도라를 통해 얻고, 보다 나은 경험을 제공하기 위해 노력한다. 예를 들어 그들의 데이터에 기반을 두고 각종 이벤트나 페스티벌 들을 개최하거나 정보를 제공하고, 불편을 없앤다."

안도라공국이 추진하는 혁신은 교육을 통해서 젊은 세대로까지 이어진다. 사보야 장관은 혁신이 어떻게 변화를 가져오는지에 대해 학생들이 학습하도록 했다고 말했다. 'TerMITes MIT 3세대 센서'라는 프로그램은 사람의 행동양식이 에너지 소비에 어떤 영향을 미치는지 연구하는 프로젝트다. 학교에 설치된 센서를 통해 학생들은 직접 에너지를 아끼는 방법을 연구하고 그 효과를 체감할 수 있다. 예를 들어 창문을 열고 닫았을 때의 난방 효율 차이를 직접 확인할 수 있다. 에너지 소비량을 측정하는 방법을 배우고, 이를 줄이는 방법을 스스로 터득하는 셈이다. 학생들의 이런 경험은 시티스코프 안도라에도 차곡차곡 쌓인다.

사보야 장관은 이런 방식을 통해 학생들이 스스로 건물을 최적의 효율 상태로 사용할 수 있게 돕는 동시에 기후 변화나 에너지 효율의 중요성에 대해 자연스럽게 깨닫게 한다고 설명했다.

3D 데이터로 현장을 확인하는 DPR컨스트럭션

미국의 DPR컨스트럭션은 1990년 건설 기업 출신 직원 세 명이 캘리포니아 와이너리에서 의기투합해 설립한 미국 21위 시공사다. 창업 후 25년간 8,300여 개 프로젝트를 수행했고 2014년 기준 약 4조 원의 매출을 올렸다. 창업부터 지금까지 연평균 12% 성장 중이며 최근 5년간에는 22%의 고성장을 달성해 주목받고 있다. 실리콘밸리의 애플파크를 지었고, 페이스북과 아마존의 데이터센터를 구축하기도 한 스마트 건축 분야의 1위 업체다.

이 기업에서 가장 주목할 만한 기술은 레이저 스캐닝 기법이다. 기존

미국 샌프란시스코에 있는
DPR컨스트럭션 본사

이데아 시티: 대한민국 미래 도시전략

레이저 스캐닝 기술은 시공 오차를 최소화시키고
공정 기간과 비용 단축에 효과적이다

건축물의 정보를 3D 데이터로 얻은 다음 스캔된 정보로부터 위치, 거리, 길이를 확인해 3D 데이터로 확인하는 방식이다. 건축물을 레이저 스캐닝한 데이터를 뷰어에 옮겨 저장하면 50%가량 경량화된 파일이 생성된다. 이 파일을 DPR컨스트럭션이 제작한 시스템인 나비스웍스Navisworks에서 읽어 원점을 맞추면 큰 오차 없이 기존 BIM빌딩 정보 모델 과의 비교 검토가 가능하다. 이러한 결과물은 시공에서 품질 검토가 가능해 시공 오차로 인한 비용 증가 및 공기 연장을 사전에 방지할 수 있다. 의사결정자들에게 단순히 기능을 설명하는 것이 아니라 직접 보여줌으로써 의사결정을 이끄는 데에도 탁월한 효과가 있다.

DPR컨스트럭션은 이데아 시티에 중요한 시사점을 준다. 도시 단위가 아니라 건물 단위에서의 이데아 시티 구상이 이미 상용화되었다는 점을 알려주기 때문이다. DPR컨스트럭션과 제휴를 마친 포스코는 DPR컨스트럭션의 기술이 도시에 적용되었을 경우 가져올 수 있는 무한한 가능성에 큰 점수를 줬다. 포스코 관계자에 의하면 DPR컨스트럭션의 3D 데이터 기법 등 탁월한 디지털 기술 덕분에 애플, 페이스북, 아마존 등 대형 IT 기업들이 DPR컨스트럭션과 일한 다음에는 다시 DPR컨스트럭션과 일하려 한다고 한다.

DPR컨스트럭션이 가진 또 다른 가상 도시 관련 기술은 드론이다. 드론을 이용하면 사람이나 헬리콥터보다 낮은 비용으로 더 많은 데이터를 빨리 수집할 수 있다. 드론은 건설, 광산 등 중장비 산업 곳곳에서 점점 그 쓰임새를 넓히고 있다. 고해상도 카메라, GPS 시스템, 각종 센서 등을 부착한 드론이 구석구석 현장을 촬영하면 그 영상이 사진과 각종 3D 데이터로 서버에 저장된다. 동시에 전문 소프트웨어가 대지 면적과 굴착양, 시공 기간과 비용 등을 자동으로 계산한다.

이러한 기술은 고객이 원하는 데이터를 실시간으로 받아볼 수 있게 한다. 이 모든 과정은 측량 기사나 전문 기술자 없이 진행된다. 과거에는 며칠씩 걸렸던 일도 3D 스캐닝이나 드론을 이용하면 불과 몇 시간 만에 끝낼 수 있다.

이러한 기술을 토대로 고품질 시공과 비용 절감의 역량을 키워온 DPR컨스트럭션은 2014년 기준 약 3,000명의 구성원이 약 4조 원의 매출을 달성했다. 괄목할 점은 창업 이후 지금까지 연평균 12% 성장, 최근 5년 동안은 22%의 고성장을 달성하는 등 기업이 장기적으로 지속적인 성장세를 보인다는 점이다. 특히 높은 신뢰를 바탕으로 연 매출액의 약 90%가 재수주를 통해 달성된다는 점이 의미심장하다.

이 외에도 건설 기업으로선 유일하게 〈포천〉이 선정한 가장 일하고 싶은 기업 100대 기업 중 10위에 선정될 만큼 건강한 기업문화를 갖추었고, 경영 인프라 구축 면에서도 놀라운 성과를 달성했다. 이러한 DPR컨스트럭션의 성장은 구성원들이 체화한 경영철학, 실천과 주인의식을 기저에 둔 과감한 혁신에 대한 노력이 지속적으로 전개되었기 때문이다.

미래 도시 플랫폼을 시험 중인 화웨이

중국의 IT 기업인 화웨이도 국민보고대회 연구진이 말하고자 하는 이데아 시티의 미래 도시 플랫폼을 활용한다. 2017년 11월 15일 에스파냐의 바르셀로나에서 열린 '스마트 시티 엑스포 월드 콩그레스SCEWC'에서 화웨이는 스마트 시티가 지속적인 학습과 도시 서비스 개선을 원활하게 진행하는 생명체처럼 될 수 있는 방식을 선보였다. 국제 파트너들과 함께 도시 행정, 공공서비스 및 산업 경제 부문에 걸쳐 디지털 세계와 물리적 세계를 연결하는 공동 ICT정보통신기술 솔루션을 전시한 것이다. 화웨이는 이 행사에 참여하면서 기자들에게 배포한 보도자료를 통해 이렇게 밝혔다.

"화웨이는 클라우드 컴퓨팅, 빅데이터, 사물인터넷 및 인공지능과 같은 새로운 ICT를 이용한 스마트 시티 솔루션을 활용해 효과적인 도시 서비스 관리를 위한 통일된 조정, 여러 부문에 걸친 협력 및 지능적 분석을 도모한다."

스마트 시티가 만들어지기 위해서는 도시가 디지털 변혁을 통해 물리적 세계의 문제를 해결해야 한다. 이 과정에서 관리와 사물인터넷 데이터를 연계해 국가가 도시를 운영하고, 물리적 세계와 디지털 세계를 통합하도록 지원하는 데이터 중심 시스템이 필요하다. 스마트 시티를 개발하기 위해서는 도시의 행정이 근본적으로 달라져야 하고, 스마트 시티 개발이 번성하기 위해서는 정부가 디지털 플랫폼 개발을 우선순위로 채택해야 한다.

화웨이 엔터프라이즈 비즈니스 그룹 사장인 엔 리다는 스마트 시티를 신경계로 움직이는 생명체에 비유했다. 즉, 두뇌(제어 센터)와 말초신경(네트워크와 센서)으로 구성되는 스마트 시티 신경계는 도시 상태에 대한 실시간 정보를 수집하고 이 데이터를 전송하며, 두뇌가 분석을 통해 정보를 기반으로 한 결정을 내리도록 지원하고 피드백 명령을 전달해 궁극적으로 지능적인 행동을 수행하는 도시 모델이다. 그에 따라 디지털 세계와 물리적 세계가 연결되는 것이다.

실제 화웨이는 도시 개발에서 디지털 플랫폼 구축을 우선순위로 한다. 화웨이가 스마트 시티 엑스포 월드 콩그레스에서 공개한 것도 지능형 운영 센터IOC, Intelligent Operation Center였다. 지능형 운영 센터는 스마트 시티의 두뇌 기능을 담당하고, 디지털 세계와 물리적 세계를 연결하는 솔루션이다. 그 구성 요소로는 분산 클라우드 데이터 센터, 도시 정보를 수집·통합·공유하는 도시 네트워크, 빅데이터를 통합하는 머신러닝 기술 등이 포함된다.

놀랍게도 화웨이는 이런 지능형 운영 센터를 확대하기 위해 전 세계 곳곳에 13개의 개방형 실험실을 운영한다고 밝혔다. 개방형 실험실 OpenLab은 화웨이의 파트너들이 실제 네트워크 환경에서 스마트 시티 솔루션을 시험하고 확인하며 조사, 마케팅 및 솔루션 서비스를 이용하고, 최상의 스마트 시티 관행과 솔루션을 체험할 수 있는 공간이다. 이렇게 실험을 통해 확보된 화웨이의 스마트 시티 솔루션은 전 세계 40개국 이상에서 120개가 넘는 도시에 활용이 가능한 상태다. 중국 안에서도 화웨이는 26개 스마트 시티의 평가 기준 작성에 참여했고, 9개 스마트 시티 개발을 주도했다.

화웨이가 다른 기업체들과 함께 제시하는 스마트 시티 솔루션의 예시를 들어보면, 스마트 휴지통, 스마트 가로등, 스마트 상하수도 시스템, 스마트 건물, 스마트 계량기, 스마트 헬스케어 등 일반적으로 생각할 수 있는 종류들이 망라된다. 또한 스마트 정부, 스마트 교육, 스마트 운송과 같은 대중 친화적 서비스들도 포함되었다.

이렇게 디지털 플랫폼을 통해 만들어진 화웨이의 스마트 시티 솔루션은 현실 세계에 어떤 도움을 줄까? 대표적으로 화웨이가 꼽는 것은 관광 상품의 질 개선이다. 수많은 사람들이 화웨이의 스마트 시티 솔루션이 포함된 도시를 우수한 관광지로 꼽았다는 것만으로 디지털 플랫폼이 갖는 강점이 증명된다.

화웨이 관계자에 따르면 중국 둔황에서 화웨이의 클라우드 데이터 센터, 빅데이터 플랫폼 및 사물인터넷 기술을 이용해 실크로드 관광 서비스의 질과 지능형 공공서비스가 개선되었다고 한다. 이를 통해 2016년 둔황의 연간 관광객 수는 2015년보다 32% 증가한 800만 명을 기록했다. 현재 둔황의 관광 명소는 20% 감축한 인력으로 40% 더 많은 관광객을 관리할 수 있다.

디지털 트윈, PPGIS, CPS

국민보고대회를 통해 처음 만들어진 이데아 시티라는 개념은 사실 현실 세계에 있는 여러 IT 솔루션에서 단초를 얻은 것이다. 그중 대표적 사례가 세계 각국에서 진행되는 '디지털 트윈' 프로젝트다. 현실 세계의 도시 모습을 3D나 4D로 구현해 도시 정보 모델을 제공하겠다는 시각화

이데아 시티: 대한민국 미래 도시전략

솔루션이 바로 디지털 트윈이다. 프랑스의 다쏘시스템, 일본 도시바의 사물인터넷 사업부, 미국의 GE디지털 등이 이런 솔루션들을 만든다. 대표적으로 싱가포르가 다쏘시스템의 디지털 트윈 솔루션을 활용해 도시를 구상 중이다. 자세한 내용은 뒤에서 다룰 것이다.

사실 디지털 트윈의 모체는 '구글 어스'라 해도 과언이 아니다. 구글 어스를 가동하면 시카고, 런던, 도하 등 수많은 도시들을 컴퓨터를 통해 3D로 구경할 수 있다. 이미 구글 어스에는 전 세계 12개국의 100개 도시들이 3D로 들어가 있다. 구글 어스의 원래 사용 목적은 이용자들의 편의를 위한 것이었다. 그런데 어느 순간 3D로 도시가 구성되고 나니 시정부나 교통, 숙박, 건축업자들이 도움을 받기 시작했다. 이에 수많은 IT 기업들이 디지털 트윈 프로젝트에 뛰어들었다. 3D 형식으로 도시를 설계하는 것이 도시 계획에서 비용과 오차를 훨씬 줄인다는 사실을 구글 어스 사례를 통해 발견한 것이다.

GE디지털은 이에 '디지털 고스트'라는 솔루션을 만들어 도시 안에서 일어나는 각종 보안경고 사항을 감지하고 경보를 제공하는 서비스를 제공한다. 도시바 사물인터넷 사업부는 스피넥스SPINEX라는 사물인터넷 시스템을 기반으로 에너지, 교통, 건물 등을 관리하는 솔루션을 제작했다.

이데아 시티에 영감을 준 또 다른 IT 솔루션이 있다. 바로 PPGIS Public Participation Geographic Information System라는 웹 기반 시민 참여형 지도 제작

기술이다. 이미 서울을 비롯해 뉴욕 등에서 많이 실시되는 기술인데, 컴퓨터상으로 구현한 지도 위에 시민들의 참여를 통해 데이터를 덧붙이는 시스템이다. 예를 들어 서울은 2012년부터 도시 시설물 관리 커뮤니티를 운영 중인데 여기에 가입한 사람들은 훼손된 콘크리트 도로나 잘못된 표지판처럼 도시 내 문제점이 발견되면 바로 트위터, 페이스북 등의 소셜 미디어를 통해 지도에 표시한다. 표시된 장소가 나타나면 시는 시설물 관리 지도에 이를 체크한 다음 신속하게 문제 해결에 나선다.

해외에서도 비슷한 참여형 지도 제작이 이뤄진다. 아이온어스Eye on Earth라는 프로젝트가 대표적인데, 세계 각 지역의 환경 관련 데이터를 온라인 지도에 표시한 것이다. 어떤 지역이 수질, 대기, 소음 등의 오염이 심한지를 시각화해서 각 도시와 지역의 오염물질 배출을 줄이도록 유도한다. 뉴욕의 경우 화장실을 찾기 힘든 문제를 해결하기 위해 PPGIS를 도입하기도 했다. 시민들이 화장실 위치를 지도에 공유하도록 해서 화장실 위치 정보를 언제든 열람할 수 있게 만든 것이다. 이처럼 PPGIS는 주민들이 참여해 데이터를 제공하는 것이 도시의 문제를 해결하는 중요한 동력임을 보여준다.

이데아 시티는 이처럼 디지털 트윈 개념이나 PPGIS 같은 IT 솔루션들을 한 발짝 확장시킨 것이다. 디지털 기술을 활용하면 에너지, 도시 훼손, 화장실 문제 등 시민들이 겪는 불편들을 하나씩 줄일 수 있는데, 이

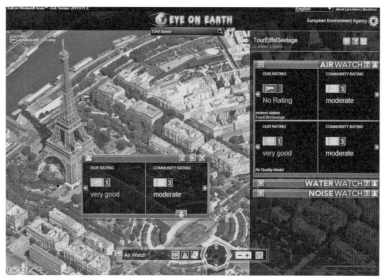

대표적인 PPGIS 모델인
아이온어스

미 건설된 도시에서는 이러한 문제들을 점진적으로 해결할 수밖에 없다. 이데아 시티는 백지 상태의 도시를 설계하는 단계에서부터 디지털 트윈, PPGIS를 활용하자는 주장을 담는다.

가상 도시를 3D로 구현하는 버추얼 싱가포르

실제와 다를 바 없는 가상 도시를 구현하는 기술은 이데아 시티의 필수 조건이다. 싱가포르 정부가 프랑스 다쏘시스템과 함께 개발한 '버추얼 싱가포르'에서 이데아 시티에 필요한 기술을 참고해볼 만하다.

버추얼 싱가포르는 실제 건축물과 도로 등을 3D로 구현하고 그 안에 움직이는 사람, 에너지, 물자 등의 실제 데이터를 가미해 설계한 도시를 가상에 옮기는 계획이다. 단순히 지형을 옮기는 것을 넘어 관련 정보를 담는 시맨틱semantic 3D를 도시 전체 단위로 구현하는 셈이다. 이를 통해 싱가포르의 교통과 환경 등을 진단하고 문제 해결을 위한 신기술 및 정책의 여파를 미리 예측하는 것이 버추얼 싱가포르의 목표다. 이데아 시티처럼 존재하지 않던 도시를 개발하는 용도는 아니지만, 가상 도시를 실험의 장으로 사용한다는 점에서 이데아 시티와의 접점을 찾을 수 있다.

버추얼 싱가포르는 산, 바다 등의 자연 지형을 구현한 후 그 위에 건물, 도로, 상하수도와 같은 인공 지형도 본뜬다. 이를 바탕으로 도시에 퍼진 카메라, 스마트폰, 각종 센서가 수집한 데이터를 반영하고 인구통계, 기후 등의 정보도 통합시킨다. 이렇게 구현된 가상의 싱가포르에서는 특정 건물의 면적, 높이는 물론 건물의 호실 단위 수준으로 주소, 내부 도면, 건축자재, 단위당 임대료, 거주자 수 등의 상세 정보를 확인할 수 있다. 또한 건물 주위 주차공간의 주차 가능 대수나 가로수 개수 등의 주변 인프라 정보도 제공된다. 도시 안에서 이동하는 사람들의 동선도 시각화되며, 건물별로 태양광발전판을 통해 생산하는 전력량도 확인된다. 풍부한 데이터를 통해 싱가포르의 교통 흐름을 측정하고, 보행자의 이동 패턴을 분석할 수 있다.

한발 더 나아가 신기술과 정책을 적용시킨 싱가포르의 모습도 나타낼 수 있는데 예를 들어 도시에 새로운 통신망을 설치하면 어느 구역까지 닿을 수 있는지, 지역마다 통신 상태는 어떤지 등을 시각화하는 식이다.

새로운 경기장을 지을 경우 비상 상황에 대비한 대피로를 어떻게 설계해야 할지도 가상공간에서 실험해볼 수 있다. 뿐만 아니라 인구 증가, 주요 행사, 사건 등을 예측해 시뮬레이션한 결과도 보여준다.

총 예산 약 7,300만 달러(약 779억 원) 규모의 버추얼 싱가포르 계획은 2014년에 시작돼 2018년 완성을 앞두었다. 이 프로젝트는 리셴룽 싱가포르 총리가 2014년 11월 미래 10년 비전으로 내걸은 '스마트 네이션'의 일환이다. 스마트 네이션은 네트워크, 데이터, 기술을 지능적이고 효율적으로 활용해 싱가포르 국민들의 삶의 질을 향상시키는 것을 목표로 한다. 싱가포르국토청SLA이 3D 지형 데이터를 제공했으며, 정보개발청IDA은 정보 · 통신 · 기술 분야 전문 지식을 통해 프로젝트에 기여했다.

프로젝트가 완료된 후에는 공공 · 민간 · 학술 분야에서 이를 자유롭게 활용할 수 있도록 할 계획이다. 사용자마다 각기 다른 방식으로 버추얼 싱가포르를 활용해 발전된 서비스와 분석 도구를 개발하고, 버추얼 싱가포르 내에서 실험까지 진행할 것으로 기대된다.

한국의 스마트 시티 전략

대통령직속 4차산업혁명위원회와 정부 관계부처는 2018년 1월 29일 '도시혁신 및 미래성장동력 창출을 위한 스마트 시티 추진전략'을 발표했다. 가장 관심이 모아졌던 대목은 백지 상태의 스마트 시범도시가 어디일지였다. 판교와 송도가 하마평에 올랐지만 뚜껑을 열어보니 세종시 5-1 생활권과 부산 에코델타시티가 선정돼 이변을 일으켰다.

정부가 이날 제시한 스마트 시티 기술은 대중교통정보 서비스와 지능형 폐쇄회로 관제 시스템, 신형 전력망인 스마트그리드, 안면인식 결제 등 첨단기술이 총망라됐다는 평가를 받는다. 이전에 보지 못했던 신기술이 있는 것은 아니지만 지금까지 나온 기술을 새로운 스마트 시티에 종합적으로 적용해보겠다는 의지가 읽혔다.

세종시 5-1 생활권에서는 주거비를 절감하고 지속 가능한 도시 모델을 구축하기 위해 에너지 관리 시스템EMS과 지능형 전력계량 시스템AMI, 전력 중개판매 서비스가 도입되고 제로 에너지 단지도 조성된다. 이곳에는 자율주행 정밀지도를 제작하고 도로 정보 등을 차량에 실시간으로 제공하는 차세대 지능형 교통체계C-ITS를 구축하는 등 자율주행차의 수도로서 면모를 갖추었다. 스마트 팜과 미세먼지 모니터링 시스템, 재난대응 인공지능 시스템도 도입된다.

부산 에코델타시티에는 수열에너지 시스템과 분산형 정수 시스템 등

첨단 수자원 관리 시스템이 적용된다. 도시에 5G 무료 와이파이가 제공되고 지능형 CCTV 등을 접목한 스마트 단지가 구축되는 한편 지진, 홍수 등 자연재해를 통합 관리하는 시스템도 만들어진다.

정부가 꿈꾸는 스마트 시티에서 살아가는 시민들의 일상은 이렇다. 시민들은 자율주행버스나 드론택시 같은 첨단의 교통수단을 활용하고, 최적의 교통수단과 코스를 소개받아 최단 시간으로 이동이 가능하다. 공유경제를 통해 사무실이나 차량, 자전거 등을 시간과 장소에 구애받지 않고 편리하게 이용할 수 있다. 상점에서는 지갑을 깜빡하고 가져가지 않았더라도 안면인식 결제 시스템으로 물품을 편리하게 구매할 수 있다. 지능형 CCTV가 행동이나 소리를 감지해 범죄나 화재 등 사고가 발생했을 때 자동으로 신고해 골든타임을 확보한다. 시민이 도시환경 개선 사업을 스마트폰 등으로 건의하면 시청은 사업의 타당성을 검토해 도시계획 등에 반영한다.

정부와 위원회는 기술이 총집합된 스마트 시티를 만들기 위해 짧은 시간 깊이 고민한 흔적이 역력했다. 하지만 여기에는 국민보고대회 연구진이 이데아 시티의 핵심 개념으로 여기는 가치인 지속 가능성, 공동체주의, 규제 혁파와 혁신, 기존 지대를 낮추는 인센티브 시스템, 도시 거버넌스를 바꾸는 온라인 공론장 등이 모두 빠져 있다.

문재인 대통령은 대한민국 혁신의 장으로서 수차례 백지 상태인 스마트 시티를 강조했지만 세종과 부산에 세워질 스마트 시티는 대부분 기존 기술 및 정책의 재탕으로 얽혀 있다. 세종시 5-1 생활권의 경우 정부 발표 불과 한 달 전에야 '제로 에너지 스마트 시티'의 밑그림이 공개됐다. 하지만 도시 단위 스마트그리드 적용 등 에너지 분야의 실행 계획을 제시하고, 초기부터 스마트 기술을 고려한 도시 건축 계획 과정을 진행해 국토부가 제시한 안보다 되레 앞섰다는 평가도 나온다. 부산 에코델타시티 역시 한국수자원공사가 이미 글로벌 미래 첨단도시, 수변문화 레저도시, 자연감성 생태도시 등을 테마로 한 특화 전략을 제시한 지 오래됐다.

정부는 '민관 협력 스마트 시티'라는 콘셉트를 전면에 내세웠지만 지나치게 정부 관계부처와 공기업 의존도가 높다는 지적도 나온다. 실제 정부가 당초 스마트 시티를 설치하기 위해 후보지로 검토한 39곳이 모두 공기업 사업지다. 정부는 기업, 대학교 등 민간 투자를 활성화하겠다고 했지만 기업자본을 끌어들일 전략과 예산에 대한 부연설명은 없었다. 4차산업혁명위원회 내부에서는 송도나 시화호 등의 간척지를 개발해 토지 공개념을 포함한 지대 추구를 억제하는 백지 상태의 신도시를 고민하기도 했지만 결국 기존 도시 입지에서 벗어나지 못했다. 스마트 시티의 핵심은 뛰어난 인재의 유입인데, 세종과 부산으로 얼마나 브레인들을 끌어들일지도 과제로 남는다.

국민보고대회 연구진이 주장하는 가상 온라인 공론장에서의 도시 설계 모델인 PPGIS, CPU에 대해 정부는 깊이 있는 고민을 담아내지 못했다. 정부는 자료를 통해 디지털 트윈, 가상현실에 대한 주제를 일부 다뤘는데 주로 GPS 기반을 통한 재난 대응과 시설물 관리에 한정했다. 물리적 공간인 실제 도시를 디지털화해서 시뮬레이션을 통해 지진 등 재난에 대응하고 시설물을 관리하는 수준이다. 그 역방향인 온라인 공론장에서 시민과 전문가가 도시를 함께 설계하고 이를 현실에 구현한다는 도전은 아직 시작되지 않았다.

IDEA CITY

2부

이데아 시티,
어떻게 만들 것인가?

지금 우리는 지식과 데이터로 돈을 벌 수 있는 스마트 시티를 만들기
위한 또 다른 도전과 결단의 기로에 서 있다. 정부와 지자체는 이데아
시티의 핵심 가치를 자율성에서 찾아야 한다. 불필요한 규제를 없애고
개인의 창의력을 최대한 발휘하게 해야 한다.

이데아 시티를 위한
9가지 액션플랜

이데아 시티 구현 프로세스

온라인 공론장에서 스마트 시티를 만들고 현실 세계에서 이를 그대로 구현하자는 '이데아 시티 플랫폼'은 우리가 한 번도 가보지 않은 길이다.

이런 신문명 도시 실험은 현실적으로 정부와 지자체가 주도하지 않고는 이뤄질 수 없다. 새 도시를 지을 만한 대규모 토지를 정부와 지자체(공공기관 포함)가 가진 데다 규제를 풀 수 있는 권한도 정부에 있기 때문이다.

과거 우리 정부는 일본에서 차관을 들여다 황량한 영일만 해변에 세계 최고 수준의 제철소를 지었다. 농업과 가내수공업으로 근근이 살아가던 대한민국 산업을 중화학공업으로 업그레이드시킨 결단이었다. 이제 4차 산업혁명을 앞두고 정부는 지식과 데이터로 돈을 벌 수 있는 스마트 시티 생태계를 만들기 위해 또 다른 도전과 결단의 기로에 서 있다. 정부와 지자체는 새로운 스마트 시티의 핵심 가치를 자율성에서 찾아야 한다. 안전과 환경에 심대한 해악을 주지 않을 경우, 규제를 없애고 개인의 창의력을 최대한 발휘하게 해야 한다. 결정은 공론장에서 시민들이 해야 한다.

이를 위해 정부는 스마트시티특위 등 민간단체를 통해 스마트 시티 건설을 위한 공론장을 조성하고 '인간을 위해 지속 가능한 도시' 같은 비전을 선포해야 한다. 이 비전은 스마트 시티 안에서 헌법적인 지위를 가진다. 미래 도시의 전형이 될 첫 스마트 시티의 비전을 선포하기 위해 시민과 전문가들의 심도 있는 숙의 과정이 필요하다.

정부 관계부처와 4차산업혁명위원회는 2018년 1월 29일에 스마트 시티 추진전략을 발표하면서 ▲사람 중심 ▲혁신성장 동력 ▲체감형 ▲맞춤형 ▲지속 가능한 ▲열린 ▲융합·연계형 도시를 지향하겠다는 정책추진 방향을 밝힌 바 있다.

이에 더해 이제 정부 당국은 스마트 시티를 조성하기 위한 원칙과 인센티브 구조를 정해야 한다. 예를 들어 ▲스타트업 혁신을 위해 규제 철폐 ▲창의적 인재 양성을 위한 신교육 ▲모든 주택을 임대 형태로 공급 ▲신재생에너지와 소형 원자로 등의 지속 가능한 에너지 공급계획 제시 ▲혁신적 의료기관 도입을 위해 규제 철폐 ▲블록체인을 도입한 직접민주주의 같은 도시정책 결정 거버넌스 구조 설계 등이다. 이후 온라인상에서 이데아 시티에 참여할 기성 기업, 스타트업, 상인, 투자자, 일반 거주자 등을 몇 배수로 모집해 추첨하는 절차를 가진다. 여기서 도시 설계에 필요한 아이디어나 기술을 제공한 시민과 기업에 인센티브를 줄 수 있다.

공론장에서는 예비 시민과 기업들, 정부와 지자체, 전문가가 함께 모여 도시의 모든 부문에 대해 2년 이상의 충분한 시간을 두고 끝장토론을 펼친다. 시민과 기업, 전문가들은 공론장에서 논의된 사안을 숙의한 뒤 의사결정을 한다. 공론장에서 숙의가 이뤄지는 가운데 정부는 스마트 시티 최종 입지와 규모를 정해 발표한다. 그리고 도시를 만드는 데 아이디어와 기술을 제공한 시민과 기업에는 인센티브(입주권, 지분, 암호화폐 등)를 부여하고 입주할 시민과 기업을 확정한다.

스마트 시티 구성원들은 온라인상에서 가상 도시를 구현해보고 문제점이 발생하면 3D로 도시를 구현한 단계에서 미세하게 조정한다. 이렇게 온라인상에서 돌아가는 이데아 시티를 실제 입지에서 구현하고, 온라인 플랫폼은 그대로 살아남아 서로를 비추면서 동기화한다. 실제 도시를 리모델링하거나 지진 등 재난에 대비한 시뮬레이션을 할 때 이데아 시티는 훌륭한 테스트베드가 될 수 있다.

이런 스마트 시티를 통해 자본, 지대, 지식(데이터) 등의 3대 진입장벽 없는 완전경쟁 도시를 구현할 수 있다. 에너지, 재난, 수익 등 모든 면에서 지속 가능한 도시를 설립할 수 있다. 건물, 도로, 오피스 등 하드웨어 인프라는 물론 거버넌스, 의사(정책) 결정 시스템 등 소프트웨어도 항상 변할 수 있는 유연한 신개념 공간이 탄생한다.

이데아 시티에서 기존 설계 방식을 쓸 수 없는 이유

호모사피엔스의 서식지인 도시는 인간 의지의 산물일까, 자연처럼 저절로 탄생한 유기체일까? 한국에서 지금 서울의 입지는 누가 일부러 만들었다고는 볼 수 없다. 삼국시대 한강 유역을 차지한 국가가 천하를 잡았던 것처럼 서울은 평야와 물길과 방어선이 저절로 갖춰진 최적의 입지기 때문이다. 하지만 서울이 관습헌법상 수도 지위를 얻은 것은 지도층의 원대한 계획과 집중된 자원투하가 있었기에 가능했다.

최근 도시화가 급격하게 진전되면서 새로 만들어진 도시들은 정부와 대기업이 계획하에 공산품처럼 찍어낸 성향이 짙다. 고성장의 신화를 쓰면서 이제 인간은 어디에서도 대형 도시를 만들어낼 수 있다는 자신감 내지 오만감마저 생겼다.

중국은 앞으로 10년 동안 1조 위안(약 169조 3,000억 원)을 들여 500개의 '지혜성시智慧城市(중국판 스마트 시티)'를 짓기로 했다. 인도는 99개 도시에 약 320억 달러(약 34조 원)를 투입하기로 했다. 사우디아라비아는 수

도 리야드 인근에 '네옴'이라는 이름의 도시 프로젝트를 시작하면서 서
울의 44배 면적에 무려 565조 원을 투입하겠다고 밝혔다. 대표적인 톱
다운 방식의 도시개발 유형이다.

하지만 저성장 사회에서 4차 산업혁명하에 지식 산업이 경제를 주도
하고, 고에너지 소비 시대를 탈피해야 하는 상황이 오자 기존의 톱다운
방식의 도시 설계는 상당한 문제점을 만들었다. 찍는 대로 팔리는 시대
가 지나면서 빌딩과 도시가 넘쳐난다. 인간의 욕구는 점점 다양해지고,
도시도 하나의 유기체처럼 변화하지 않으면 도태되는 시기가 왔다. 중
앙권력이 도시를 설계하기보다는 시민과 기업, 지자체가 함께 머리를 맞
대고 도시를 만들어야 하는 이유다. 이데아 시티는 이런 철학에 기반을
둔다.

한국의 톱다운식 도시 설계의 대표적인 실패 사례가 있다. 2000년대
중반에 지은 송도 U-시티유비쿼터스도시다. 당시에는 "모든 길이 유비쿼터
스로 통한다"는 말까지 있던 시절이었다. 정부와 지자체가 경쟁에 나서
면서 당시 후보 도시만 30곳이 넘었다. 하지만 지금은 그 흔적조차 찾아
보기 어렵다.

U-시티가 실패한 이유는 복합적이다. 그중 큰 이유는 신기술을 선보
이기에 급급한 나머지 정작 생활에서 필요한 편리함을 갖추지 못했던
것이다. 민간 영역까지 공공이 무리하게 주도한 점도 패착이었다. 시민
과 기업이 자발적으로 들어갈 수 있는 인센티브 시스템과 플랫폼을 까

이데아 시티: 대한민국 미래 도시전략

는 데 정부 역할을 집중했어야 했다. 초반에 강하게 밀어붙이던 정부가 정권 막판에 이르자 U-시티에 대해 무관심해졌고 대부분 사업들이 사실상 중단되었다. 정권이 바뀐 후에는 U-시티를 거론하지 않는 게 불문율이 돼버렸다. 엄청난 돈을 쏟아부었지만 완전히 용도 폐기된 셈이다. 이번 정권에서 야심차게 진행 중인 스마트 시티의 미래는 U-시티와 다르다고 확신할 수 있을까?

액션플랜 1 : 시민을 설계에 참여시켜라

2017년 9월 네덜란드 암스테르담에서는 시내에 설치된 전자광고판을 두고 논란이 붙었다. 언뜻 보기엔 광고와 관광 정보를 게시하는 보통 전자광고판처럼 보였지만, 사실은 설치된 카메라를 통해 보행자의 성별과 연령 등을 파악한 후 맞춤형 광고를 게시하는 보행자 식별 광고판이었기 때문이었다. 예를 들어 정장을 차려입은 40대 남성이 광고판 앞에 서면 고급 차량의 광고가 뜨는 식이었다.

영화 〈마이너리티 리포트〉처럼 기술에 완벽히 통제받는 느낌을 받은 시민들은 이 광고판에 격한 반감을 표시했다. 광고판 인근을 지나는 시민들의 정보를 모두 데이터베이스화하는 것 아니냐는 의혹까지 제기됐다. 더욱이 광고판이 설치된 곳은 시내에서도 유동인구가 많은 암스테르담 중앙역 인근이어서 수많은 사람이 지켜보는 가운데 기계에 의해 분류당하는 것도 썩 기분 좋지 않은 경험이었을 것이다. 결국 이 전자광고판은 약 10일 만에 서비스를 중단했다.

스마트 시티의 핵심적 구성 요소 중 하나는 개인화된 '디지털 사이니지Digital Signage'다. 도시가 먼저 개인을 알아보고 그에 맞는 서비스를 제공하는 개념이다. 이는 도시가 개인을 알아채는 것을 전제로 한다. 태생적으로 개인 정보 문제를 불러일으킬 수밖에 없다. 앞의 전자광고판이 그 대표적 사례다. 이 문제를 해결하지 않고서는 미래 도시 모델을 말하긴 어렵다. 게다가 개인들의 데이터 공개 문제는 이데아 시티 차원에서 큰 문제다. 데이터가 공개되는 것이 전제가 돼야 각종 도시 내 실험들이 의미가 있기 때문이다.

폴 맨워링이라는 인물이 있다. 암스테르담 리빙랩의 공동창업자로 네덜란드에 '개방형 사물인터넷 리빙랩'을 처음 도입한 이다. 즉, 도시 곳곳에 설치한 정보수집 장치로 측정한 교통·물류·환경 관련 정보 등을 정부는 물론 어떤 사업자든 활용할 수 있게 해 관련 서비스 개발을 촉진시키자는 의도였다. 이로 인해 그는 암스테르담에 리빙랩을 설계하던 단계부터 개인 정보 침해 논란을 겪은 이력이 있었다. 이 같은 갈등에 대해 폴 맨워링은 색다른 답변을 제시했다.

"개인 정보에 대한 우려를 완전히 불식시키는 것은 어렵다. 시민들의 신기술의 생산성을 체감할 수 있게 해 자연스레 받아들이게 하는 전략이 필요하다. 신기술에 호의적인 흐름을 만들어야 하는데 이를 위해 세계 여러 도시와 공동작업 중이다. 서울도 그중 하나다.”

맨워링은 서울디지털재단, 연세대와 함께 서울 대중교통 시스템에 예측분석 기술을 적용해 시내 교통 흐름을 원활하게 만드는 프로젝트를 논의 중이다. 그는 250만 명의 방문객을 기록한 '세일 암스테르담 2015' 행사 당시 이 기술을 적용해 행사장 혼잡을 최소화하는 데 성공한 바 있다. 현장에 설치된 센서와 와이파이에 접속한 스마트폰 등을 통해 보행자들의 이동을 추적하고, 혼잡할 예상되는 장소를 피해 경로를 안내하는 방식이었다. 이에 대해 맨워링은 이렇게 말했다.

“서울에는 이미 예측 분석을 위한 교통정보 수집 하드웨어가 완벽하게 갖춰져 있다. 이를 바탕으로 예측분석 기술을 적용해 1시간 30분 소요되던 이동 시간을 1시간 10분으로 줄일 수 있다면 너도나도 신기술을 도입하고 싶어 할 것이다. 구글과 페이스북은 지금 우리가 하려는 것보다 훨씬 많은 개인 정보를 제한 없이 활용한다는 것을 언급하고 싶다. 구글은 나보다 나를 더 잘 아는 기업이다. 시정부를 비롯한 공공기관이 주도해 정보를 수집하면 공공성이 오히려 높아질 것이다. 정보 수집 및 이용에 대한 시민의 감시와 공개 토론이 가능하기 때문이다. 오히려 대형 인터넷 기업들이 빼앗았던 개인 정보를 찾아주는 계기가 될 수도 있다.”

벨기에 제2의 도시인 앤트워프에서도 자체 개발한 애플리케이션인

Wappr를 통해 시민에게 정보주권을 되돌려주기 위한 실험이 진행 중이다. 앤트워프는 서부 지역 일부를 스마트존으로 지정해 각종 신기술과 정책을 시험 중인데 Wappr를 설치한 시민이 그 주위를 지나가면 관련 정보를 받고 찬반 투표 및 의견 개진을 할 수 있는 서비스다. 귀찮은 일에 누가 나설까 생각할 수 있다. 그러나 60만 명의 시민 중 3만 명이 Wappr를 설치했으며, 그중 3,000명은 일주일에 2회 이상 의견을 내고 투표에 참여하는 적극적 참여자들이었다.

다음은 정부 지원을 받아 Wappr를 개발한 연구기관 IMEC의 존 베켈스만 부사장의 말이다.

"서비스에 가입 시 성별, 나이, 경제 계층 등의 정보를 요구하는데 이런 정보까지 제공하며 시민들이 스스로 참여한다. 새로운 기술과 정책을 도입하는 데 시민들이 낸 세금이 쓰인다는 것을 떠올리면 시민들의 참여는 자연스러운 현상이다. 스마트존에 설치된 센서를 통해 교통 및 환경 정보를 수집하는데 이런 정보를 활용한 기술에 시민들이 의견을 내는 것도 시민들이 정보주권을 되찾는 일로 볼 수 있다. 앤트워프에서 펼쳐지는 실험은 일견 사회운동과 같은 성격이 있다. 그럼에도 사회운동가 대신 기술자인 나를 수장으로 앉힌 것은 사회 반발로 인해 신기술 도입이 좌절된 경험을 활용하고 싶은 것이다. 15년간 그런 경험이 무수하다. 그 실패를 바탕으로 시민들과 소통하며 신기술을 안착시키는 숙제를 맡은 셈이다."

앤트워프의 실험은 시민들에게 신기술 관련 정보를 미리 제공해 불필요한 반감을 없애고, 나아가 능동적으로 기술을 받아들일 수 있게 하는 해법을 제시한다. 개인 정보 논란에 선제적으로 대응해 갈등을 최소화하려는 시도다.

이런 목표는 프로젝트를 이끄는 베켈스만 부사장의 개인 이력에서도 여실히 드러난다. 그는 세계적 네트워크 솔루션 기업인 시스코의 최고기술책임자를 거친 전문가다. 약 15년간 바르셀로나, 두바이 등 세계적 스마트 시티에서 인프라의 연계성을 높이는 솔루션 사업을 펼친 후 고향인 벨기에로 돌아와 Wappr 운영을 맡았다.

이데아 시티를 만들기 위해서는 이런 앤트워프의 실험처럼 시민들이 왜 참여를 꺼리는지 원인을 파악하고 그들의 참여도를 끌어올리기 위한 대안들을 제시할 필요가 있다. 이데아 시티는 시민들이 자발적으로 실험에 참여하겠다는 의지가 없을 경우 실패로 돌아갈 수밖에 없기 때문이다.

―――

"당신의 발걸음이
도시의 불을 밝힌다."

로렌스 캠벨 쿡
페이브젠 창업자

"사람의 발걸음으로 도시의 모든 빛을 밝히는 게 목표다."

영국의 친환경에너지 기업 페이브젠은 사람이 걸을 때 생기는 운동 에너지를 이용해 전기를 만들어내는 기술을 만들었다. 사람이 페이브젠의 타일 위를 지나갈 때 생기는 압력을 이용해 전자기유도 방식으로 발전기를 돌리는 것이다. 이 발전기는 세계 30여 개국의 기차역, 공항, 쇼핑센터 등 사람들이 붐비는 곳에 설치돼 도시의 빛을 밝혔다. 2017년 7월에는 서울숲에 설치되었고, 그 해 11월에는 제주도와 현대자동차가 평창동계올림픽을 앞두고 진행했던 성화봉송 이벤트에서 전기차를 충전하는 이벤트에 사용되기도 했다.

전기 외에 페이브젠이 생산하는 더 중요한 게 있다. 바로 데이터다. 페이브젠은 사람들의 발걸음에서 데이터를 수확한다.

"페이브젠은 단순히 전기만 생산하는 게 아니라 타일을 밟고 지나가는 사람들이 어느 방향으로 이동하는지도 알 수 있게 설계되었다. 사람들이 어느 지점을 가장 많이 지나는지, 가장 붐비는 시간은 언제인지, 이동 패턴에 대한 종합적인 분석이 가능하다."

설치 중인 페이브젠 타일. 삼각형 꼭짓점 부분에 발전기가 있다

캠벨 쿡 CEO는 페이브젠이 만드는 데이터가 특별한 이유는 디지털 방식이 아닌 피지컬physical 방식이기 때문이며, 사람들이 물리적으로 내딛는 발걸음이 모이면 강력한 데이터가 된다고 말했다. 모바일 등 디지털 방식의 정보 수집이 아니기 때문에 개인 정보 문제로부터도 자유롭다.

"스마트 시티에선 기계가 아닌 사람이 다시 도시의 중심에 서야 한다. 사물인터넷에 대해 많이들 말하지만 '사람인터넷Internet of Beings'이 더 중요하다. 그리고 스마트 시티는 모빌리티, 탁월한 커뮤니케이션, 분산화된 전력 생산 등으로 설명할 수 있는데 페이브젠은 이를 가능하게 하는 스마트 시티의 뼈대가 될 것이다."

페이브젠이 설치된 면적이 넓어질수록 얻을 수 있는 정보도 많아진다. 설치비는 고급 호텔 바닥에 깔리는 대리석과 비슷한 수준으로 만만치는 않다. 캠벨 쿡 CEO는 꾸준히 효율성을 높이고 누구나 사용할 정도로 가격을 낮추는 게 현재 목표라고 말했다. 그리고 페이브젠을 통해 만드는 전기와 데이터를 통해 도시를 더욱 살기 좋은 곳으로 만들 것이라고 했다.

액션플랜 2: 기존 도시에서의 규제를 추방하라

이데아 시티가 많은 사람들과 기업들의 참여를 이끌려면 기존의 도시와는 다른 규제 환경이 마련되어야 한다. 그리고 백지 상태에서 도시가 시작하기 때문에 기존의 기득권 세력이 규제를 통해 진입장벽을 쌓으려는 유인이 상대적으로 적다. 대신 미래에 지어질 도시 내에 입주하는 사람들을 위해서 무엇이 올바른지를 고민하는 공론장을 통해 도시의 규제를 마련할 필요가 있다.

이데아 시티를 만드는 데 첫 번째 조건은 규제 철폐다. 실제로 수많은 해외 도시들이 규제와 싸우면서 이상적 도시 모델을 현실화하려 한다. 2018년 초 핀란드 스마트 시티 관계자들의 화두는 그해 7월에 시행될 새로운 교통법이었다. 자격만 갖추면 누구든 택시를 운전할 수 있게 하는 이른바 택시총량제 폐지를 골자로 한 법이었는데, 교통 분야에 특별한 접점이 없는 사람들도 모두 신경을 쓰는 눈치였다. 택시 총량을 법으로 정한 탓에 과점 시장을 완전 개방하는 정책에 기존 택시업자들이 격렬히 반대할 것이 분명했기 때문이다. 교통 관련 스타트업인 KYYTi의 페까 모또 CEO가 "핀란드는 시위가 흔치 않은 나라인데 7월이 되면 전국이 시위에 휩싸일지도 모른다"고 말할 정도였다.

핀란드 정부는 택시면허 총량을 폐지하는 것은 물론 취득 과정까지 대폭 완화해 경쟁을 부추겼다. 새 교통법에 따르면 취득 과정에서 택시

운영 과정을 이수해야 하고, 6개월간 택시운전 경험이 있어야 하는 등의 요건이 삭제된다. 그리고 다른 운수업 면허를 가진 사업자들도 일정한 요건을 갖추면 택시 사업을 할 수 있게 했다.

자연스레 7월 이후에는 교통업계 전반에 지각변동이 예상되었는데 차량공유 업체인 우버가 핀란드 시장에 복귀한 것이 그 상징적 사건이었다. 2017년 7월 택시면허를 소지한 운전자들에 의한 서비스만 남겨둔 채 철수했던 우버는 2018년 7월부터 본격적으로 핀란드 시장을 공략할 것이라 밝힌 바 있다.

핀란드가 이 같은 모험을 감행한 이유는 4차 산업혁명 시대를 이끌 교통 서비스 개발이 정부 규제와 기득권에 의해 무산되는 일을 막기 위해서였다. 핀란드 교통부는 2017년 6월 앞과 같은 내용의 개정안을 발표하면서 개혁의 목표는 새로운 서비스 모델을 창출하고, 시장 접근성을 높이며, 경쟁을 저해하는 정부 규제를 완화하는 것이라 명시했다. 칼라사타마 개발을 지휘하는 포럼비리움의 싸미 싸하라 모빌리티 총괄도 "핀란드는 인구도 550만으로 적고 자원도 나지 않는 국가다. 살아남기 위해서는 다른 국가에 비해 더 도전적이고 과감한 방식으로 기술 개발을 이끌어나갈 수밖에 없다"고 덧붙였다.

새 교통법에는 2018년 1월부터 일반 기업이 철도, 버스 등 대중교통 수단의 표를 판매할 수 있고, 대중교통 운행시간표에도 접근할 수 있게 하는 내용도 포함됐다. 이 역시 교통 관련 스타트업들이 기존 대중교통수단을 접목시킨 서비스를 개발할 토양을 마련해주는 의미가 있다. 특히 핀란드에서는 시내의 모든 교통수단을 모바일 애플리케이션으로 연결하는 MaaSMobility as a Service 서비스가 발달했는데 교통법 개정으로 더욱 탄력받을 전망이다. 안네 베르네르 교통부 장관은 법 개정에 대해 이용자들이 보다 자유로운 선택을 할 수 있게 하고, 교통수단을 하나의 서비스로 제공하려는 것이 목적이라고 밝혔다.

핀란드의 도로교통법이 실제 도로에서 자율주행차의 시험운행을 허용한 점도 주목할 만하다. 관련법을 만들던 당시엔 자율주행차의 개념이 없어 운행 중인 차량에 사람이 반드시 타야 한다고 규정하지 않았던 결과인데, 수년 전 자율주행차가 속속 개발된 후에도 정부가 자체 연구를 거쳐 법을 수정하지 않기로 결정했다. 싸하라 총괄은 이제 간단한 신청절차만 마치면 누구든 자율주행차 시험운행을 할 수 있으며 그 덕에 전 세계 기업들이 핀란드 교통안전국을 찾는다고 전했다.

"작은 도시가
규제 풀기에도 좋다."

조르디 나달
안도라텔레콤 CEO

"지금까지 규제나 정부의 반대로 어떤 프로젝트가 취소됐단 말은 들어본 적도 없다. 규모가 작은 국가라 무언가 새로운 것을 시작할 때 공감대가 형성되기 쉽기 때문이다."

안도라텔레콤의 조르디 나달 CEO는 안도라공국이 다양한 프로젝트를 시도할 수 있었던 배경으로 그 규모의 장점을 꼽았다.

"다른 큰 국가와 비교해 안도라공국은 규제를 바꾸기 쉬운 면이 있다. 무언가 새로운 걸 시도할 때 이해관계자들과 무엇을 하려는지, 이를 통해 얻을 수 있는 게 뭔지에 대해 충분히 공유하지 않으면 공감대를 얻기 쉽지 않은데 비교적 용이하게 해냈다. 물론 우리도 스마트 시티 프로젝트 초기에 기술적으로 무엇을 하려는지 설명하는 데 많은 노력을 쏟아야 했지만 말이다."

안도라공국 내 유일한 통신 서비스 제공자인 안도라텔레콤은 '스마트 안도라'의 핵심 축을 맡았다. 진행되는 프로젝트에서 데이터 축적이 대부분 모바일을 통해 이뤄지기 때문이다.

안도라공국에서는 1년 내내 스키, 사이클 등 각종 스포츠 경기와 행사가 열리는데 이때마다 쌓이는 모바일 데이터를 분석해 다음 행사를 준비한다. 나달 CEO는 데이터가 쌓임에 따라 사람들이 언제 어디로 이동하는지, 주차는 어디에 하는지 등을 꽤 정확하게 확인할 수 있다고 말했다. 물론 이 작업이 처음부터 순조로웠던 건 아니다.

"원 데이터 중에서 좋은 데이터와 나쁜 데이터를 구분해서 시스템에 입력해야 하는데, 특히 여러 문화권이 겹칠 경우 프로젝트에 활용할 데이터를 골라내는 것이 매우 어려웠다."

나달 CEO는 2015년 한국-안도라공국 수교 20주년을 기념해 경제협력을 강화하기로 한 자리에서 한국 명예영사로 임명되기도 했다.

액션플랜 3: 시민 구성의 다양성을 높여라

이데아 시티의 조건 중 하나는 다양성이다. 다양한 사람들의 데이터가 종합되어야 수많은 사람을 만족시킬 수 있는 가치 있는 서비스가 탄생하기 때문이다.

호주의 도시인 애들레이드는 다양한 인구구성을 경쟁력으로 삼아 세계를 의료로 연결하겠다는 야심찬 계획을 가지고 있다. 애들레이드는 시 전체에 10기가 인터넷 망을 깔겠다고 선언했는데 도시가 직접 나서 이러한 계획을 밝힌 건 세계 최초다. 10기가10Gbps 인터넷은 기가 인터넷 1Gbps보다 10배, 광랜100Mbps보다 100배나 빠르다. 기가 인터넷을 이용하면 1GB 용량을 다운로드하는 데 약 8초 정도가 걸리지만 10기가 인터넷은 0.8초면 충분하다. 한국의 경우 2017년 8월 SK브로드밴드가 국내 처음으로 10기가 인터넷 시범 서비스를 시작했고, 정부와 SK브로드밴드, KT, LG유플러스 3사가 2018년 내 서비스를 상용화하겠다는 계획을 세운 상황이다.

더 빠른 인터넷이 사실 흥미로운 내용은 아니다. 하지만 애들레이드가 가진 강점과 빠른 인터넷 속도가 결합될 경우 애들레이드가 누릴 효과는 막대할 것이다.

애들레이드는 인종적 다양성을 바탕으로 의료 관련 데이터를 수집하는 사업을 진행 중이다. 10기가 인터넷이 보급되면 8K UHD 대용량 고

해상도 콘텐츠는 물론 가상현실, 증강현실 등 4차 산업혁명 시대의 주요 서비스를 안정적으로 지원할 수 있는데, 수집된 데이터와 빠른 인터넷을 연결해 중국에 원격의료를 제공하겠다는 게 애들레이드의 계획이다. 이를 위해 이미 수년 전부터 원격의료 기술을 실험하며 노하우를 쌓았다고 한다.

애들레이드 인구 130만 명의 혈통을 살펴보면 124개 정도다. 이와 같이 다양한 인종이 섞여 사는 애들레이드는 원격의료를 수출하기 위한 데이터를 얻을 수 있는 천혜의 환경이다. 의료 산업에 대한 지원도 전폭적이다. 시정부는 의료 기술을 개발하는 기업이 쓴 연구개발비의 43.5%를 되돌려주고 세금 감면 혜택도 제공한다. 이 밖에도 병원이 확보한 데이터를 공유하는 소프트웨어를 개발하는 등 궁극적으로 전 세계의 의료 중심도시로 자리 잡겠다는 전략을 추진 중이다.

애들레이드가 가진 다양성은 스마트 시티 전쟁에서 확실한 무기가 될 것이다. 애들레이드의 130만 명의 시민은 91가지 언어로 말하며 종교만 해도 40가지가 넘는다. 그러면서도 인구 전체의 90% 이상은 모두 영어를 할 수 있기 때문에 언어장벽이 있는 것도 아니다. 소수 종교나 소수 인종에 대한 배려가 자연스럽게 이뤄진다.

게다가 애들레이드에는 꾸준히 이민자가 유입되어 다양성이 높아지는 중이다. 호주 통계국에 따르면 해외에서 태어나 애들레이드에 정착한 사람의 수는 2001~2005년에 2만 3,884명으로 집계됐다. 2006년과

2010년 사이에는 5만 5,232명이 애들레이드로 들어왔고, 2011~2016년 사이 이 숫자는 6만 9,753명으로 늘었다. 해외에서 애들레이드로 들어온 사람들이 어디 출신인지를 살펴보면 영국 출신이 9만 5,500명으로 가장 많았다. 인도 출신(2만 6,270명), 중국 출신(2만 3,919명), 이탈리아 출신(1만 7,398명), 베트남 출신(1만 3,932명), 필리핀 출신(1만 204명)이 그 뒤를 이었다. 전 세계에서 몰려오는 인재들은 애들레이드의 경쟁력을 한층 공고하게 만들 것이다.

액션플랜 4 : 지대장벽을 낮춰라

전 세계적으로 창조계급이 몰려든 도시는 지대장벽이 매우 낮았다. 역사적으로 증명된 사실이다. 할리우드, 실리콘밸리, 뉴욕의 소호 등이 대표적이다. 이데아 시티도 4차 산업혁명의 씨앗으로서 창조계급을 유인하기 위한 지대장벽 낮추기를 고민해야 한다. 이데아 상태의 도시는 디지털 플랫폼 위에 올린 아이디어 단계의 도시이기 때문에 지대장벽이 없다. 문제는 이 아이디어를 현실화해 실제로 만들어질 도시에서도 낮은 비용으로 공간을 공급할 수 있느냐다. 이는 정부의 정책이자 의지의 영역이다. 이데아 시티가 제대로 작동하려면 디지털 플랫폼으로 만든 도시를 현실로 구현할 때 대규모 임대주택, 위워크 같은 공유경제 모델이 필요하다.

미국의 독신거주자가 주택을 구매하는 데까지 걸리는 시간(2015년 기준)

샌프란시스코	16.8년
로스앤젤레스	15.3년
샌디에이고	13.1년
뉴욕	10.9년
보스턴	10.4년
새크라멘토	10.2년
시애틀	9.2년

출처: 리처드 플로리다(토론토대 교수)

먼저 과거의 사례들을 살펴보자. 할리우드가 만들어지기 전 미국의 영화 중심지는 뉴욕 등의 동부 지역 도시들이었다. 토머스 에디슨은 영화와 관련된 특허들을 장악했고, 돈 많은 영화업자들은 뉴욕으로 몰려들어 필름을 인화했다. 영화라는 신기술에 눈을 떴지만 돈이 없었던 창조계급은 뉴욕이라는 도시에 진입하기가 힘들었다. 지대 때문이었다.

그래서 창조계급이 택한 곳은 서부의 따뜻하고 지대가 싼 도시인 할리우드였다. 영화에 미쳐 있었던 창조계급은 할리우드로 건너가 값싼 땅에 영화 세트를 짓기 시작한다. 할리우드에 뉴욕을 본뜬 세트를 지어놓고 촬영했는데 그게 뉴욕에서 촬영하는 것보다 훨씬 쌌다.

실리콘밸리도 그랬다. 휴렛팩커드는 1939년 실리콘밸리 팰로앨토에 있는 데이비드 패커드의 창고에서 시작된 기업이다. 애플 역시 1976년 실리콘밸리 쿠퍼티노에 있는 스티브 잡스의 창고에서 시작되었다. 중국의 알리바바는 항저우의 값싼 아파트에서 출발했다. 창고, 아파트 등의 값싼 실험공간은 부모에게서 공짜로 물려받은 공간이었다.

오늘날 이스트빌리지 같은 초대형 화가들의 집산지인 뉴욕도 그냥 이뤄진 것은 아니다. 1960년대 뉴욕은 소호를 중심으로 값싼 임대료를 제시하며 예술가를 유치하는 활동을 펼쳤다. 정부는 창고와 폐공장을 화가와 조각가의 주거공간과 작업실로 내주었다. 상징적인 사건이 뉴욕 4번가 일대의 건물 6개동을 단돈 1달러에 기존 예술가 입주민들에게 팔기로 한 결정이다. 이 지역은 현재 17개의 극장과 3개의 영상 스튜디오, 1개의 영화관이 자리 잡은 예술공간으로 거듭났다. 이 지역을 방문하는 관광객만 연간 20만 명이 넘고, 약 1,200명의 예술가들이 활동하고 있다.

높은 물가와 지대는 도시에서의 창업과 혁신을 저해하는 요인이다. 오늘날 전 세계 시가총액 1위부터 5위까지 기업을 일군 이들 중에서 큰돈을 가지고 창업에 도전했던 사람은 없다. 애플을 만든 스티브 잡스도 창고에서 시작했고, 빌 게이츠(마이크로소프트), 세르게이 브린, 래리 페이지(이상 구글), 마크 주커버그(페이스북), 제프 베조스(아마존), 마윈(알리바바) 모두 그랬다. 보다 많은 스티브 잡스가 도전에 성공할 수 있도록 길을 터주는 것이 4차 산업혁명의 진정한 정신 아닐까? 만일 그렇다면 지대를 획기적으로 낮추는 것이 반드시 필요하다.

디지털 도시 속에서 실험을 먼저 해보는 것은 지대를 획기적으로 낮출 수 있는 좋은 방법이다. 오늘날 정부는 창조경제혁신센터, TIPS 타운, 서울창업허브 등 다양한 창업공간을 통해 제2의 애플, 구글이 탄생할 수 있는 공간들을 무료로 내주고 있다. 이런 공간들을 디지털 도시 플랫폼 속에서 먼저 실험해 보고 검증된 스타트업이 쓰면 어떨까?

아날로그가 아닌 디지털 속 공간에서 도시를 먼저 구성해보자는 국민보고대회 연구진의 이데아 시티 구상의 취지는 혁신적인 기술을 디지털 상에서 먼저 시연 및 검증해 가능성이 있는 스타트업에 집중적으로 지원하자는 것이다. 지원을 받는 스타트업들은 한계비용이 0에 가까운 지대를 지불하면서 오로지 아이디어를 현실화하는 데 집중하면서 혁신을 이끌 수 있다. 애플의 스티브 잡스가 그랬듯이 말이다.

문제는 정부가 사무공간뿐만 아니라 주거비용까지 획기적으로 낮추는 정책을 취할 수 있느냐다. 이데아 시티가 현실 세계에 건설된다면 들뜬 기대를 가진 부동산 투기업자가 달려들 수도 있고, 그렇게 집값이 올라가면 창조계급이 거주할 수 있는 가능성이 낮아진다. 창조계급에게 선분양권을 싼값에 내준다 해도 두 가지 문제가 발생한다. 오르는 집값 때문에 들떠서 일을 안 하거나, 집을 팔고 다른 도시로 떠나는 문제다. 결국 정부가 해야 할 일은 강력한 임대정책을 통해 도시의 집값을 낮은 상태로 유지하는 것이다. 마치 싱가포르처럼 말이다. 다만 시장경제를 파괴하지 않기 위해 이데아 시티 외곽에 고급 주택단지를 허가하는 것도 검토할 만하다.

액션플랜 5: 도시의 매력도를 높여라

고급 인력을 도시로 끌어들이는 것은 성공적 도시의 조건이자 목표다. 여러 지자체는 오랜 기간 고급 일자리를 제공하는 기업과 기관을 유치해 이를 달성하려 했다. 그런데 2000년대 접어들어 기류에 변화가 생겼다. 매력적인 도시가 고급 인력을 끌어들이면 기업은 자연스레 늘어난다는 철학 아래 각종 문화행사와 도시 재개발이 성행한 것이다.

그 계기는 토론토대 경영학 교수인 리처드 플로리다가 쓴《도시와 창조계급》이었다. 그는 미국 인구조사 자료를 바탕으로 동성애자 비율이 높은 도시일수록 고급 인력이 많이 모여든다고 주장했다. 동성애와 고급 인력의 직접적 상관관계를 주장한 것은 아니다. 다만 다양성에 대한 존중이 확보된 도시가 경제, 학술, 문화 등 다방면에서 매력적인데, 동성애자 비율이 그 다양성을 측정하는 데 가장 뛰어난 지표라는 것이다. 여러 사회구성원 중 가장 심하게 차별받는 것이 동성애자고, 이들을 받아들일 수 있는 지역이라면 모든 사람을 환영할 수 있다는 논리다. 이는 미국의 대표적 혁신도시인 샌프란시스코, 보스턴, 시애틀 등이 미국 50대 도시 중 게이 비율이 상위 10위 안에 속하는 것에 근거한다. 책에서 소개된 수많은 지표 중 도시의 첨단 산업과 가장 높은 상관관계를 보인 것도 이른바 '게이지수'였다.

플로리다 교수의 연구는 찬반 양측으로부터 폭발적 반향을 일으켰다.

개발동력을 찾던 지자체들이 매력을 찾아 빈티지 감성의 술집, 카페를 장려하고 문화사업을 벌이는 반면에 자본주의를 문화적 색채로 미화한다거나 빈부격차 확대 문제를 경시했다는 지적도 끊이질 않았다. 플로리다 교수가 다시 한 번 도시를 주제로 2017년에 책을 출간했을 때 영국의 〈가디언〉이 그를 인터뷰하면서 "도시 재건의 록스타, 도심 부활의 왕, 젠트리피케이션 챔피언"이라 소개한 것도 이런 이유에서다.

일본의 작가이자 언론인인 후지요시 마사하루도 《이토록 멋진 마을》을 통해 도시 자체의 매력이 지역경제 발전의 원동력이라 주장한다. 그는 전자 업체인 샤프의 공장을 유치하려다 낭패를 본 오사카, 공장에 각종 혜택을 제공하고도 멕시코와 중국에 공장을 빼앗긴 미국의 도시들을 언급하면서 꺼지는 경기를 공장을 유치해 되살리려는 발상 자체가 실패의 원인이라고 지적했다. 대신에 그는 지역 벤처 양성 정책을 통해 교세라, 와코루 등의 기업을 배출한 교토를 성공사례로 꼽았다. 대학이 많고, 초·중학생의 학력평가 수준이 전국 최상위권이었던 것도 기업들이 교토를 떠나지 않는 요인 중 하나였다.

일본 후쿠이현의 도시인 사바에는 대기업 없이 지역에서 창업한 다수의 기업을 통해 경쟁력을 갖춘 도시다. 후쿠이현의 경우 인구 10만 명당 사장 수가 1,599명으로 일본 지역 내 1위다. 많은 업체들이 안경, 섬유, 칠기 등을 제조하는데 중국에 주도권을 빼앗긴 사양 산업이라는 점이 흥미롭다. 사바에는 지역 숙련공들이 기업에 남지 않고 창업을 하도록 유도하는 '초바 제도'라는 것을 통해 다수의 소기업 간 경쟁을 유도했고 품질관리와 신기술 개발을 촉진했다. 초바 제도가 사양단계에 접어든 제조업의 창업 인큐베이터 역할을 한 셈이다.

이렇게 살아남은 기업들은 업계 전체가 사양길인 덕에 더욱 강해질 수 있었다. 지방정부가 적극적인 육아지원 정책과 시민의 의견을 적극 반영하는 행정 서비스로 사업하기 좋은 환경을 만든 것도 금전적 조건을 뛰어넘은 장점으로 꼽힌다.

이러한 사례가 암시하는 중요한 점은 이데아 시티는 창조적인 습성을 가진 사람들에게 매력적인 공간으로 인식되어야 한다는 것이다.

액션플랜 6: 시민 참여의 공론장을 만들어라

스마트 시티에서의 정치적 의사결정은 보다 투명하고, 보다 치열하고, 보다 직접적으로 이뤄진다. 도시 단위의 민주주의다. 에스파냐의 정당인 포데모스의 사례에서 미래 도시 단위의 민주주의가 어떤 모습으로 실현될지를 엿볼 수 있다.

포데모스는 에스파냐의 정치학자이자 언론인이었던 파블로 이글레아시스가 15M 운동(재정 위기와 높은 실업률 등 에스파냐의 나쁜 경제 상황 속에서 2011년 5월 15일 마드리드 시민들이 '푸에르타 델 솔'을 점거한 시위)을 조직화해 2014년 창당했다. "우린 할 수 있다"는 뜻인 포데모스는 창당 2년 만에 양당 체제를 깨며 제3당으로 올라섰다. 경제 위기와 부패에 분노한 20~30대 청년층의 열렬한 지지를 받아 성장한 포데모스의 원동력은 '바텀 업' 방식의 의견 개진과 치열한 토론, 직접투표로 요약된다.

포데모스는 시민들의 의견을 듣고 정책을 결정하는데 만 16세 이상의 에스파냐인이라면 누구나 온라인 투표에 참여할 수 있다. '아고라 보팅'이라 불리는 이런 의견수렴 과정을 통해 포데모스는 집행부를 선출하고, 당의 방향성을 정한다. 당원이 당 운영에 직접 참여하는 방식을 통해 포데모스는 급격히 세를 불리고 있다.

여기서 온라인 투표가 가능해진 건 사실상 블록체인 기술의 도입 덕분이다. 기존의 전자투표 방식은 투표의 시공간적 제약을 없앴다는 점에서 획기적이었지만 결과 조작 및 해킹의 우려로 인해 거부감이 컸다. 하지만 블록체인 기술의 등장은 전자투표에 투명성을 높이고, 조작의 확률을 차단하면서 우려를 말끔히 씻어냈다. 포데모스의 아고라 보팅 역시 블록체인을 활용한다. 블록체인을 활용한 전자투표는 전 세계적으로 그 사례가 점차 늘어나는 추세다. 2016년 미국 텍사스주에서 자유당, 유타주에서 공화당이 대선후보를 선정할 때 블록체인을 활용했고 2017년 한국의 경기도는 따복공동체 주민제안 공모사업을 심사할 때 블록체인 투표를 활용했다.

포데모스는 루미오Loomio 라는 애플리케이션을 이용해 온라인상에서 토론을 벌인다. 루미오는 리처드 바틀렛 등 뉴질랜드의 개발자들이 "모든 목소리를 들을 때 더 나은 결정을 할 수 있다"는 모토로 개발한 애플리케이션이다. 토론에서 흔한 '목소리가 큰 사람이 이기는' 발언권 쏠림 현상과 비효율성 등의 문제점을 보완했다. 누군가가 토론 주제를 제안하면 참여하고 싶은 사람들이 모인다. 토론에는 찬성, 반대, 유보, 차단의 네 가지 선택이 주어지고, 투표할 때 의견을 덧붙이는 칸과 재투표 기능을 통해 보다 현명한 결론에 이를 수 있도록 고안됐다.

포데모스는 2015년 5월 마드리드와 바르셀로나 시장에 좌파연합 후보를 올리는 데 성공한다. 이후 마드리드는 시민 참여 프로그램인 '마드리드 디사이드'를 운영한다. 여기에 온라인으로 제안을 올리면 다른 시민들이 각각 의견을 내놓는다. 문재인 정부가 운영하는 청와대 국민청원 사이트와 흡사하다. 마드리드 디사이드는 의견 수렴에 그치지 않고 시민들의 투표로 실제 실행 여부를 결정한다. 마드리드 인구의 2% 이상이 주제에 찬성하면 이를 연구주제로 삼는다. 이후 온라인 투표를 통해 실행 여부 또한 결정한다. 포데모스의 운영 자금은 크라우드펀딩 등 시민들의 자발적인 참여로 마련한다.

액션플랜 7: 브레인들이 협업하게 하라

일본 도쿄역에서 북서쪽으로 25km, 지하철로 33분을 달리면 카시와

노하 캠퍼스역에 도착한다. 이곳이 일본의 차기 스마트 시티로 가장 주목받는 곳이다. 10여 년 전만 해도 인구 1,000명에 불과했던 카시와의 작은 마을인 카시와노하('카시와의 잎'이란 뜻)는 이제 인구 2만 5,000명의 산학협력 스마트 시티로의 부상을 꿈꾼다.

기차역에서 내리면 대형 쇼핑몰과 호텔, 오피스텔, 도쿄대 부속 건물이 조그만 역전 광장을 빙 둘러싸고 있다. 여기서 카시와노하 신도시의 개발주체를 엿볼 수 있다. 일본 최고의 대학인 도쿄대와 일본 최대 부동산 기업인 미쓰이, 도쿄와 쓰쿠바를 잇는 쓰쿠바 익스프레스 노선, 주민 협의체인 UDCK 어반디자인센터-카시와노하 가 그 주인공이다.

원래 이곳은 주일미군 통신대대 주둔지였다. 1979년 미군이 철수하고 주둔지를 도쿄대가 캠퍼스 신축용으로 사들이면서 카시와노하는 새로운 전기를 맞는다. 도쿄에서 토지를 구하지 못하던 도쿄대는 1998년부터 첨단과학대학원 기능을 카시와노하 캠퍼스로 이전하기 시작했다. 현재는 우주, 대기, 항공, 해양 등 이과 계열과 신영역창조과로 불리는 통섭 학문 등 기술 관련 연구 기능이 대거 카시와노하에 입주했다. 교수진과 학생들만 3,000여 명에 이른다. 이후 치바대, 도쿄이과대도 캠퍼스를 이곳에 설립해 스마트 시티의 자원인 '브레인'을 공급했다.

미쓰이는 도쿄대 캠퍼스 바로 옆에 골프장을 가지고 있는데 스마트 시티 개발을 위해 이 땅을 대형 쇼핑몰(라라포트)과 자사 호텔, 공유 오피스텔(코일)로 개발했다. 철도 회사와 지자체는 2005년 우리의 신분당선 같은 쓰쿠바 익스프레스 노선을 깔면서, 도쿄 중심부까지 도착하는 시간을 2시간대에서 30분대로 줄였다. 여의도와 비슷한 면적인 총 272만 9,000m²의 카시와노하는 이제 인구 2만 6,000명을 목표로 하는 최첨단 연구개발 스타트업 요람을 자청한다.

2018년 2월 〈매일경제〉가 현지에서 만난 히로야 미마키 UDCK 부소장은 카시와노하는 일본의 실리콘밸리를 꿈꾸는 도시이며 스마트한 젊은이들을 유치하고 스타트업을 키워내는 게 가장 큰 과제라며 그 포부를 밝혔다. 그리고 이렇게 덧붙였다.

"땅값이 비싼 도쿄에서 떨어져 있어 도로와 사무실 주거공간을 널찍하게 쓸 수 있다. 이곳 사무공간을 이용하는 사람들은 미쓰이호텔의 온천과 헬스장을 무료로 이용할 수 있고, 여기에 바로 연결된 쇼핑몰에서 레저도 즐길 수 있다. 주변 공원을 산책하거나 암벽등반도 가능하다. 일하면서 노는 문화를 만들어 창의적인 젊은이들을 끌어모을 생각이다."

코일이라는 이름의 공유 오피스텔에서는 스타트업을 꿈꾸는 젊은이들이 카페에서 대화를 나누고 열린 사무실에서 작업하고, 3D 프린터를 공유하며 실험하는 모습을 볼 수 있었다. 일본스럽지 않은 자유롭고 활기찬 기운이 느껴졌다.

브레인들이 한 공간에서 뭉치는 것이 도시의 본질적 기능이다. 한국에서는 포스텍이 정부와 지자체의 상생 도시 모델인 '유니버+시티'를 주창

한다. 대학을 뜻하는 유니버Univer
와 도시를 뜻하는 시티City의 결
합어다. 포스텍이 2016년 5월
대학과 도시가 함께 책임을 지고
공동체의 더 밝은 미래를 함께
열어나가야 한다는 차원에서 화
두로 내놓은 캐치프레이즈다. 대
학과 도시가 진정한 상생 발전의
공동체로 거듭난 지역사회를 뜻
하기도 하다.

카시와노하 내
공유 오피스텔인 코일

　울산과 포항에서는 2016년부터 두 도시의 시청과 상공회의소, 그리
고 울산대와 유니스트, 한동대, 포스텍 등 각 지역의 대학들이 함께 '유
니버+시티'라는 모임을 만들어 대학과 도시의 상생 발전을 추구한다. 대
학은 도시의 현안 문제나 미래의 과제들을 해결하고, 도시는 대학에 행
정적·재정적 지원을 해줄 뿐만 아니라 대학과 기업의 유기적 협력을 매
개하고 지원하면서 시너지 효과를 얻을 수 있다.

　세계는 이미 산학협력을 넘어섰다. 교육, 연구뿐만 아니라 창업과 지
역 혁신에도 대학의 역할이 더욱 중요해졌다. 대학 없이 지역의 발전 전
략이나 정책이 불가능해진 시대다. 특히 인적자원이 중요한 한국이 본격
적인 선진국으로 진입하기 위해서는 대학이 지역의 도시경쟁력을 높이

는 일에 적극적으로 참여하는 것이 매우 중요하다. 대학과 도시가 공동체의 위기에 대응할 혁신에 대한 절박한 인식을 공유하고 상생 발전의 제도와 문화를 정착시키며 지속 가능한 미래로 나아가는 길이야말로 이데아 시티를 만들기 위해 반드시 해야 하는 일이다.

액션플랜 8: 블록체인 거버넌스를 만들어라

블록체인 같은 새로운 데이터 거버넌스 시스템은 이데아 시티를 만드는 핵심 요소다. 새로운 도시를 만들기 위해서는 데이터의 공유가 필수적이다. 오늘날 구글, 아마존, 알리바바 등 대형 IT 기업들은 검색엔진이나 포털 플랫폼을 통해 얻은 사용자 데이터를 활용해 새로운 서비스들을 만든다. 그러나 이들은 데이터를 공유하지는 않는다. 데이터를 모으는 데 기업 차원에서 상당한 노력을 들였기 때문에 데이터를 자신들의 자산이라 생각하기 때문이다. 수집한 데이터를 가공하고 판매하는 경우는 있지만 다른 경쟁사에 무상으로 공개하지는 않았다.

구글이 사이드워크랩스라는 기업을 설립해 캐나다 토론토에 새로운 도시를 지으려는 이유도, 빌 게이츠가 미국 애리조나주에 새로운 도시를 지으려는 이유도 모두 새로운 실험에 따른 데이터를 확보하는 작업과 무관하지 않다.

그러나 이데아 시티는 개인의 데이터를 공유화하자는 가치를 갖고 시작해야 한다. IT 기업들이 기술의 발전과 그에 수반한 자신들의 비즈니스 이익을 위해 데이터를 사용하지만, 이데아 시티는 인간 중심의 4차 산업혁명이라는 가치를 지향하기 때문이다. 인간이 만든 데이터는 기술 발전을 위해서가 아니라 궁극적으로 인간을 위해 사용되어야 한다는 가치가 담겨 있다.

이데아 시티에서 새롭게 시작된 민간 중심의 다양한 실험으로 탄생한 데이터는 공개적으로 사용되어야 한다는 것이 바로 이데아 시티의 생명과도 같은 원칙이다. 예를 들어 이데아 시티 프로젝트에 참여한 자율주행차 개발 기업이 얻은 사람들의 이동 정보는 적어도 해당 이데아 시티에 참여한 다른 업종 종사자에게도 개방되어 자유롭게 사용될 수 있어야 한다.

이런 공유에서 좋은 플랫폼 중 하나가 블록체인이다. 에스토니아의 경우 시민의 각종 생체 정보들을 저장하는 엑스로드X-Road라는 행정 정보 시스템을 블록체인 기반으로 만들었다. 데이터를 분산해서 저장하기 때문에 보안의 위협이 덜하다. 무엇보다 누구나 투명하게 데이터를 보고 관리할 수 있기 때문에 신뢰성이 높다. 이에 대한 야크 렌스망트 주한 에스토니아 대사의 말이다.

"(에스토니아에서) 모든 개인 정보에는 열람에 따른 로그파일이 생성된다. (국가를 포함해) 누군가 내 정보를 들여다봤다면 로그파일에 남아 나에게 알려지며 왜 내 정보를 봤는지 이유를 따질 수 있다."

세계경제포럼은 2016년 포럼을 통해 블록체인 기술을 조망하면서, 2027년까지 전 세계 GDP의 10%가 블록체인에 보관될 것이라 예상하기도 했다. 영국 정부의 경우 블록체인은 대헌장을 새로 창조하는 것만큼 중대한 사건으로 기록될 것이라 발표했으며, IBM은 2018년에 전 세계 90%의 국가가 블록체인 프로젝트를 진행할 것이라고 전망했다.

블록체인은 데이터에 기반을 둔 도시 모델을 만드는 데 실제로 활용된다. 예를 들어 중국의 자동차 업체인 완샹그룹이 만든 비영리연구소인 완샹블록체인연구소는 2016년 9월 항저우에 9만 명의 규모의 블록체인 기반 스마트 시티를 개발하겠다고 발표했다. 10년간 총 33조 원을 들여 도시 인프라 전체를 블록체인에 연결한 완전히 새로운 도시 구조를 만들겠다는 뜻이다. 스웨덴의 경우 도시에서 부동산 소유를 이전할 때 블록체인 기반의 등기 서비스를 준비 중이다. 미국 델라웨어주에서는 국가기록물보관소의 데이터를 블록체인 플랫폼 위에 담는 작업을 시작했다.

이데아 시티를 만드는 과정에서 참여한 이들은 블록체인 플랫폼 위에 자신의 모든 데이터를 올리고, 다른 사용자들이 이를 자유롭게 활용해 혁신적인 활동을 하도록 돕는 역할을 한다. 사람들이 데이터를 만들어 공유함으로써 다른 이들의 비즈니스를 도와주는 공유형 경제 모델이 이데아 시티를 통해 완성될 것이다.

———

"블록체인이 스마트 시티의 중추를 구성할 것이다."

올리버 부스만
크립토밸리협회 회장

"분야를 가리지 않고 모두가 블록체인 기술을 받아들이고 있다. 블록체인은 스마트 시티의 중추를 구성할 것이다."

올리버 부스만 크립토밸리협회 회장은 블록체인이 금융 서비스, 교통, 디지털 신원 확인까지 도시에서 일어나는 모든 사업 구조를 단순화할 것이며, 도시 구성원들을 보다 가깝게 이어줄 것이라고 말했다.

"블록체인으로 인해 사업 모델이 기존보다 분산화된 방식으로 이동한다. 블록체인상에 모든 정보를 입력하고, 사업을 보다 수월하게 처리할 수 있다. 블록체인은 모든 국가와 도시에서 정부를 디지털화할 것이다."

크립토밸리협회는 2017년 부스만 어드바이저리, 비트코인스위스, 루체른대, 캐나다의 톰슨로이터그룹 등이 모여 만들었다. 부스만 회장은 스위스 주크 크립토밸리Crypto Valley 내 스타트업들이 교류할 수 있도록 돕고 사업에 필요한 각종 지원을 하며, 해외에서 들어온 기업에 대해 법률, 세무 관련 서비스를 연결하고 마케팅, PR 컨설팅을 하는 식으로 협회가 운영된다고 설명했다. 스위스에 법인을 만들려는 해외의 유망 기업이 스위스 비자를 받는 데 어려움이 있다면 크립토밸리협회가 나서서 돕는다.

부스만 회장은 ICOInitial Coin Offering를 자본 접근성의 민주화로 규정했다. 크립토밸리협회는 2018년 1월에 ICO 행동규범을 만들었다.

"투자자를 보호하고 투명성을 강화하기 위해 ICO를 어떻게 진행해야 하는가에 대한 틀을 짠 것이다."

ICO의 90% 이상이 망할 것이란 전망에 대해 의견을 묻자 부스만 회장은 이에 동의한다면서도 IT 버블 이후 등장한 거대 IT 기업들처럼 미래에 등장할 기업과 사업 모델에 주목해야 한다고 밝혔다. 협회는 일종의 인큐베이터인 크립토밸리 랩스labs도 준비 중이다. 부스만 회장은 더 많은 해외 스타트업이 크립토밸리에 와서 사업을 시작할 수 있게 도울 것이라고 말했다.

액션플랜 9: 이데아 시티들을 서로 연결하라

플라톤의 이상국가는 구성원들이 필요에 맞게 살아가는 참된 국가였다. 그는 구성원들이 각자의 필요와 역할에 따라 조화롭게 살면서 특별한 소수가 아닌 시민 전체가 최대한 행복을 누리는 국가를 이상국가라고 주장했다. 플라톤이 생각한 가장 이상적인 국가의 인구는 5,040세대로 2만 명이 조금 넘는 수준이었다. 플라톤에게 국가는 우리에게 익숙한 국민국가가 아닌 도시국가였다. 플라톤이 꿈꾼 이데아폴리스는 실현되지 못했고, 아테네와 다른 도시국가의 자리를 로마제국이 차지했다. 기원전 400년의 이데아폴리스를 향한 꿈은 2,500년이 지나 '이데아 시티'로 다시 시작되었다. 이데아 시티에서 사람들은 한곳에 머물지 않고 자유롭게 도시를 이용할 것이다.

현대 산업문명 시대 대도시가 준 여러 편익들인 양질의 일자리와 교육, 의료 서비스, 풍부한 문화예술 및 오락 기능, 안전과 돌봄 등은 디지털 기반의 스마트 기술에 힘입어 급격히 분산화·개인화된다. 사람들은 대도시에 머물거나 접근하지 않고서도 집과 사무실, 마을 등 현재 있는 공간에서 원격으로 다양하고 풍부한 의료와 교육, 그리고 돌봄 서비스를 받을 수 있을 것이다. 필요할 때 렌터카나 카풀 서비스를 이용하듯 도시가 제공하는 서비스 대다수가 쉽고 저렴한 비용으로 접근 가능하게 되어, 미래의 도시는 거대한 공유경제 플랫폼처럼 작동할 것이다.

이에 따라 물리적 공간의 제한으로 인해 발생하는 높은 지대와 물가, 교통체증 등 기존 대도시의 문제가 상당히 해결될 것이다. 나아가 미래 도시의 시민들은 각자의 필요와 목적, 신념과 지향 등에 따라 도시를 옮겨가며 살 수 있을 것이다. 연극을 좋아하는 사람은 영국 에든버러에, 만화를 좋아하는 사람은 프랑스 앙굴렘에, 양질의 의료 서비스가 필요한 사람은 대구의 헬스케어 시티에 가는 식이다. 각자 좋아하고 필요한 것을 향유하는 수준을 넘어 좋아하고 필요한 일을 업으로 삼을 수도 있을 것이다. 자신이 좋아하고 필요한 일을 찾아 스스로 모인 사람들이 살아가는 도시는 생산성과 만족이 모두 높을 것이다.

미래 도시는 단지 물리적 공간과 제반 서비스와의 합이 아니라 관심과 흥미, 재미와 의미를 공유하며 발전시키는 공동체로 진화할 것이다. 우리는 하나 혹은 소수의 특별한 국가와 거대 도시가 사람과 자원, 재화와 서비스를 독점하는 중앙집중 체제를 넘어, 각자 자신의 필요와 이상, 무늬와 색채를 지닌 크고 작은 도시들이 서로 자유롭고 평등한 연결 속에서 공존하는, 포도송이처럼 연결된 도시 문명을 상상할 수 있다.

각자 자신만의 공유한 모양과 뚜렷한 개성을 가지지만 연결을 통해 통일된 이미지를 구현하는 모자이크처럼, 우리는 많은 이데아 시티들이 그려내는 인류와 지구의 지속 가능성을 위한 새로운 도시 문명을 만날 것이다.

이데아 시티에
담아낼 가치

미래 가치가 보이지 않는 지금의 스마트 시티

이데아 시티의 가치는 디지털 플랫폼 위의 가상 도시 그 자체에 있는 것이 아니다. 가상공간과 클라우드 컴퓨팅, 블록체인 등으로 도시를 만드는 시도는 누구나 다 할 수 있다. 중국이 천문학적 자금을 투입해 수백 명의 디지털 엔지니어들을 고용해 짓는 슝안신구, 가상현실로 도시를 만드는 싱가포르, 클라우드 컴퓨팅으로 도시를 만들겠다는 빌 게이츠의 애리조나 도시 프로젝트 등이 그런 사례들이다. 그러나 과연 아날로그 도시에 디지털 기술만 접목한 스마트 시티가 의미 있을까?

한국은 디지털과 아날로그의 철학 없는 결합이 어떤 비극적 결말을 가져오는지에 대해 뼈저린 경험을 가진 거의 유일한 국가다. 바로 U-시티다. U-시티에도 디지털 기술은 있었다. 최고의 사물인터넷 기술과 신개념 인터넷 등이 집대성됐다. 그러나 어떤 가치를 담은 도시를 만들 것인지에 대한 비전이 없었다. 한마디로 이 도시는 매력적이지 않았다. 오늘날에야 송도에 많은 기업과 주민들이 이주했지만 2009년 송도신도시가 지어졌을 당시와 그 이후 몇 년간을 생각해보면 분양이 되지 않아 골칫거리였던 기억이 있다. 한마디로 기술로만 덧칠된 도시는 매력이 없다. 그런데 그런 도시들이 또다시 전 세계적으로 지어지려 한다.

2017년이 인공지능과 블록체인의 해였다면 2018년은 바야흐로 '스마트 시티'라는 주제가 가장 뜨겁게 떠오른 해다. 2018년 1월에 열린 세계 최대의 가전 전시회인 CES의 주제는 '스마트 시티의 미래'였다. 2월 열린 모바일월드콩그레스MWC에서도 역시 스마트 시티가 중요한 주제로 잡혔다. 중국의 슝안신구는 200~250만 명의 인구를 목표로 첨단기술을 집약시킨 혁신형 친환경 스마트 시티를 목표로 한다. 미국의 아마존은 제2 본사를 설립하면서 인근 지역을 스마트하게 개발하겠다는 복안을 내놓았다.

구글의 스타트업인 사이드워크랩스는 캐나다 토론토에 새로운 스마트 시티를 만들어 각종 IT 기술을 실험하는 공간으로 활용할 것이라는 생각을 드러냈다. 알리바바도 말레이시아와 중국 항저우 등에 스마트 시티를 만들겠다는 계획을 천명했다. 사우디아라비아는 네옴이라는 신도시를 건설한다고 밝혔다. 숨 가쁘게 발표되는 이런 계획들은 전 세계가 스마트 시티 전쟁을 벌인다는 것을 실감케 한다. 인공지능, 블록체인 등의 신기술 주제에 이어 스마트 시티 역시 하나의 기술로 이해되는 분위기다. 세계경제포럼은 미국 샌프란시스코에 4차산업혁명센터를 건설하면서 연구 주제로 5가지를 꼽았는데 바로 인공지능, 블록체인, 드론, 스마트 시티, 정밀의학이다. 스마트 시티가 인공지능이나 블록체인과 동급으로 인식되는 분위기를 보여준다.

그렇다면 스마트 시티는 인공지능이나 블록체인과 같은 수준의 기술인가? 국민보고대회 연구진이 말하는 이데아 시티는 단순한 가상 도시 플랫폼이 아니다. 가상 도시에서 현실 도시를 만들어 내는 일련의 과정 모두를 말한다. 현시대에 동원 가능하고 미래에 발현될 수 있는 기술을 한꺼번에 실험할 수 있는 공간을 조성하자는 계획이다. 인공지능이나 블록체인 등이 아니라 제2, 제3의 기술도 만들 수 있는 플랫폼을 만들자는 구상이다. 즉, 이데아 시티는 블록체인이나 인공지능 등의 기술을 실험할 수 있는 시스템이다.

따라서 이데아 시티에는 가치가 포함돼야 한다. 구성원들이 이데아 시티를 어떻게 만들 것인지를 이해하고 움직일 수 있는 최소한의 지향점이 필요하다. 그러나 구글, 알리바바가 만드는 스마트 시티나 중국의 슝안신구에는 앞에서 말한 가치들이 보이지 않는다. 사이드워크랩스는 스마트 시티 프로젝트의 목적을 이렇게 설명한다.

"우리는 도시 기술을 만들기 위한 실험실 기능을 할 수 있는 넓은 면적의 지역을 원한다. 이 리빙랩은 모두가 협력한 해법을 실험해보기 위한 테스트 베드가 될 것이다."

그러나 사이드워크랩스의 계획에서는 신기술을 개발해 기업을 살찌우겠다는 의도만이 보인다. 슝안신구는 그와 반대로 수많은 가치들이 뒤섞여서 대체 어떤 도시를 만들겠다는 것이 보이지 않는다. 첨단기술, 친환경 등 온갖 좋은 키워드들이 다 들어가 정작 어떤 가치에 집중하겠다는 초점이 흐리다.

이데아 시티가 우리만의 프로젝트로 그칠 것이 아니라 전 세계적 프로젝트로 뻗어나가려면 현재 전 인류의 문제를 해결할 수 있는 원대한 가치를 지향할 필요가 있다. 그런 거대한 문제를 해결하기 위해 첨단기술과 새로운 사회 시스템을 실험하는 공간으로 이데아 시티를 정의할 수 있다. 세상에는 아직 문제가 많다. 그 문제의 무게가 큰 만큼 이데아 시티가 풀어야 할 숙제 또한 크다.

資본주의에서 自본주의로

앞에서 국민보고대회 연구진은 전 세계에서 벌어지는 미래의 도시 계획들이 기술 개발을 위한 실험실로 전락할 위기에 처했다고 분석했다. 그 근거로 한국의 스마트 시티 계획, 중국의 슝안신구, 사이드워크랩스,

이데아 시티: 대한민국 미래 도시전략

사우디아라비아의 네옴 등의 사례를 들었다. 대신 우리는 새로운 가치를 부여할 수 있는 미래 도시를 만들어야 한다.

그렇다면 구체적으로 어떤 가치를 들 수 있을까? 먼저 우리는 근대 문명을 지배했던 자본주의가 가진 문제점을 극복할 수 있는 가치를 지향해야 한다. 이데아 시티를 통해 이뤄지는 모든 실험들은 물신주의에서 비롯되는 각종 문제점들을 해결하는 방향으로 이뤄질 필요가 있다. 오늘날 도시 범죄와 각종 오염 문제, 그리고 님비 현상들은 사람보다 물질과 금전을 우선시하는 근대 문명의 태생적 한계에서 출발한다. 영화 〈아메리칸 뷰티〉는 물질이 지배하는 오늘날 미국 중산층 가족의 모습을 마르크스적 비판론으로 적나라하게 보여준다. 영화 속 주인공한테 20살 이상 차이가 나는 딸아이의 친구도 그저 물질일 뿐이다. 그리고 그 '물질'을 가져야겠다는 생각을 하는 순간 주인공은 쇠락하던 인생의 의미를 되찾는다. 물질에 의존하지 않고서는 제대로 설 수 없는 현대 도시인의 정신세계를 적나라하게 묘사한다. 이데아 시티가 이를 극복하는 대안을 실험하는 공간이 될 필요가 있다.

근대사회 이후 인간의 가치를 매개하는 수단은 금전이었다. 비싼 자동차와 옷은 사람의 가치를 드러내는 수단과 같았다. 비록 오늘날 부정하게 돈을 벌거나, 돈이 많다고 해서 인간성을 무시하는 벼락부자 등에 대해 나쁜 여론이 형성되는 것은 사실이지만, 정당하게 돈을 벌고 윤리적으로 돈을 쓰는 사람들은 높은 사회적 지위를 인정받는다.

그러나 오늘날 사이버 세상에는 돈이 아니라 다른 매개체가 인간의 가치를 증명하는 수단이 되는 경우를 많이 발견할 수 있다. 대표적 사례가 깃허브Github라는 소프트웨어 개발자들의 공동체다. 이 공간에서 참여자들은 뛰어난 알고리즘 구성 실력과 문제해결 능력으로 자신의 가치를 인정받는다. 그리고 자신이 만든 프로그램이 다른 사람들로부터 얼마나 많이 인용되고 사용되는지에 따라 스스로의 사회적 지위가 결정된다. 마치 학자들의 세계처럼 얼마나 뛰어난 논문을 발표했으며, 그 논문이 얼마나 많은 후학들에게 인용되는지에 따라 개인의 가치가 판단되는 것처럼 말이다. 오늘날 인터넷에서 개인의 가치는 데이터 또는 지식에 의해 매개된다.

데이터 또는 지식은 금전이나 물질이 아니라 인간 스스로의 창의성과 아이디어를 반영한다는 점에서 훨씬 훌륭한 매개체다. 비트코인을 창시한 나카모토 사토시라는 밝혀지지 않은 인물의 가치는 그가 비트코인으로 얼마나 많은 돈을 벌었는지에 의해 좌우되는 것이 아니다. 비트코인이라는 새로운 존재를 창조했다는 그 자체에 있다. 에디슨이라는 인물을 제너럴일렉트릭의 창시자로 판단할 것이 아니라 그 당시 존재하지 않았던 전구라는 새로운 아이디어를 만들었다는 데 있다.

금전이 아니라 데이터를 인간 가치의 매개체로 설정하는 순간 두뇌가 가진 본연의 기능 중 하나인 창의성이라는 것이 제대로 사회적 평가를 받기 시작한다.

이데아 시티는 바로 이런 인간의 아이디어를 중요한 사회적 매개체로 삼는 공간이어야 한다. 누가 많은 돈을 가졌느냐가 아니라 창의적 아이디어를 얼마나 가졌으며 그를 현실화할 수 있느냐에 따라 사회적 지위와 계급이 결정되어야 한다. 이광재 여시재 원장은 새로운 미래 도시에서는 금전을 의미하는 '資'본주의 대신 인간 스스로를 의미하는 '自'본주의를 세우자고 말했다.

이기적 인간에서 공동체적 인간으로

오늘날 근대 문명은 인간을 이기적이라 가정한다. 근대 이전에는 이기심이 도덕적으로 나쁜 것이라고 규정되었다. 저 혼자만 살자고 타인을 해치는 행위는 봉건시대에서 용납받기 어려웠다. 그러나 근대 이후에는 이기심이 찬양받는다. 특히 '인간은 이기적인 존재'라는 명제를 당연시한 경제 이론들이 실물경제를 이해하고 근대 문명을 정착시키는 데 많은 도움을 준 것이 사실이다.

그러나 '나만 잘 살면 돼'라는 이기심은 오늘날 근대 도시 문명에 커다란 문제를 던진다. 범죄나 환경 관련 문제를 넘어서 오늘날 IT 세계에서는 프라이버시와 보안 문제를 통해 인간의 개인주의가 가진 문제점들이 드러났다. 해커들은 타인들의 공동체와 단절된 채 자신만의 이익을 위해 다크넷(추적이 불가능한 비밀 인터넷) 같은 곳에 마약 거래를 가능케 하고 아동 포르노 등을 유통시킨다. 이러한 불법물들이 인간 삶에 어떻게 피해를 줄지에 대해서 해커들은 크게 개의치 않는다. 그들의 손에 쥐어진 새로운 4차 산업혁명의 기술은 타인들을 먹잇감으로 삼기 위한 좋은 도구일 뿐이다. 이들이 5G 인터넷 세상을 자유롭게 누빈다고 생각해 보라. 이런 개인주의는 인간이 사는 도시를 불안하게 만드는 요인이다.

이데아 시티가 새로운 기술의 실험을 통해 지향해야 할 가치는 바로 이런 이기적 개인의 모습을 극복하는 것이다. 사람들의 머릿속에 '자신 > 타인 > 공동체 > 사회'로 우선순위가 당연시되던 것이 이제까지 근대 도시의 모습이었다면, 이제는 이데아 시티를 통해 적어도 '자신=타인=공동체=사회'로 우선순위가 짜인 도시의 모습이 훨씬 나은 모습임을 보여 줄 필요가 있다. 누구나 존중받고 타인에 의해 억압받지 않기 위해서는 이기적 인간이 아닌 공동체적 인간을 중심으로 놓겠다는 가치가 실현될 필요가 있다.

핀란드의 칼라사타마는 이기적 개인들이 지배하던 도시에 공동체적 가치를 심고 있다. 헬싱키의 항구 대지를 활용해 건설 중인 인구 3만 규모의 도시인 칼라사타마는 정부 주도의 '지속 가능한 주택 공급' 정책을 펼친다. 헬싱키는 매년 6,000가구의 주택을 새로 공급하겠다는 계획을 꾸렸는데 그중 55%는 정부 보조금 지급, 가격상한제, 임대주택 등의 정책을 써서 저소득층이 주택에 쉽게 접근할 수 있게 했다. 나머지 45%

는 완전 자율시장에서 거래돼 고소득층이 입주할 전망이어서 자연스레 사회적 다양성이 확보된다. 여기서 중요한 것은 저소득층과 고소득층이 한데 어우러져 살 수 있는 자연스런 공동체 가치를 새로운 도시 계획으로 실현했다는 점이다.

헬싱키 안에는 이미 6만 가구의 주택이 있는데 그중 4만 8,500가구는 정부보조금이 있는 임대주택으로 활용된다. 헬싱키가 도시 대지의 70%를 가진 것은 이 같은 정책을 펼칠 수 있는 원동력이 되었고, 시내 주택 대부분이 1950~1970년대 지어져 재개발 수요가 높다는 사실도 한몫했다.

이 정책은 크게 두 가지 목표를 가진다.

첫 번째는 노숙자 문제의 해결이다. 노숙자에게 임시 거처를 제공하고 응급진료 서비스를 유지하는 등 지속적으로 관리비를 지출하는 것보다 온전한 거처를 제공해 자립할 발판을 마련해주면 많은 예산을 절감할 수 있다는 발상에 기반을 둔 정책이다. 예를 들어 노숙자 250명을 수용하는 기숙사 형태의 수용시설을 80가구 주택단지로 바꾸는 사업 등이 도시 곳곳에서 진행되고 있다.

지속 가능한 주택 공급 정책은 다른 유럽 국가에서도 도입을 추진할 정도로 비용 절감과 노숙자 감소 효과가 뛰어났다. 핀란드의 노숙자 수는 2016년 말 기준 6,650명에 그쳤는데 그마저 80%는 친척과 지인의 집에서 잠시 머무는 탓에 노숙자로 집계된 경우다. 오늘날 많은 유럽 국가가 부동산 가격 급등으로 골머리를 앓는 가운데, 핀란드는 유일하게 노숙자 수가 감소하는 국가로 명성이 높다.

두 번째는 부동산 가격이 낮은 지역에 저소득층과 이민자가 몰려들어 도시가 슬럼화되는 것을 막는 것이다. 국가가 나서서 고소득층과 저소득층이 어울려 살도록 만들어 각종 사회문제를 방지하는 셈이다. 현재 63만 명 수준인 헬싱키 인구는 2050년까지 최대 86만 명까지 늘어날 것으로 전망되는데 그 신규 주민 상당수가 이민자이므로 건전한 다양성을 위한 정책이 반드시 필요하다.

칼라사타마 개발을 맡은 포럼비리움의 커뮤니케이션 담당인 유씨 까르마라는 "지속 가능한 주택공급 정책은 보다 나은 사회를 만들기 위한 수단이다. 다양한 배경과 경제력을 갖춘 사람들이 한데 모여 어울릴 수 있게 만드는 정책이다"라고 말했다.

평평한 세상에서 1,000개의 고원으로

《세상은 평평하다》는 책을 쓴 작가 토머스 프리드먼의 주장을 도시에 그대로 적용하면, 전 세계의 도시는 비슷한 모습으로 닮아간다는 말이 옳을 것이다. 5G 인터넷으로 새로운 문물이 실시간으로 전 세계에 퍼지는 이 시대에 멋진 옷과 멋진 차, 멋진 음식 등은 오랜 시간이 지나지 않아 다른 도시들로 퍼져야 마땅하다. 실제 오늘날 도시들은 어느 정도 비슷한 모습으로 수렴된 것이 사실이다. 맥도날드는 전 세계에 3만 5,000여 개의 매장을 가졌다. 미국의 쉐이크쉑 햄버거가 한국에서 급속도로 유행을 타고 전파되기도 했다. 중국의 다롄에는 이탈리아의 베네치아를 그대로 옮겨놓은 곳이 존재한다.

그러나 이러한 획일적 도시의 모습이 인간이 꿈꾸는 이상향은 아닐 것이다. 런던, 파리, 뉴욕, 샌프란시스코, 도쿄, 홍콩, 싱가포르 어디에도 맥도날드가 있지만, 그 도시에만 있는 음식점들도 존재한다. 전 세계 모든 도시에서 영어 또는 한국어를 사용한다면 여행을 다닐 때마다 편리한 점은 있겠지만 그런 편리함 때문에 각 도시의 문화적 다양성까지 없어지는 것을 원하지는 않을 것이다.

국민보고대회 연구진은 이데아 시티가 획일적 도시가 아닌, 다양성에 기초한 도시를 지향해야 한다고 주장한다. 비단 각 도시에 음식점들이 다양해야 한다는 이유 때문만은 아니다. 도시가 '열린사회'로서 기능하려면 차이를 인정하고 다양한 아이디어들을 받아들일 사회적 태도를 갖추어야 하기 때문이다.

영국의 철학자 칼 포퍼는《열린사회와 그 적들》이라는 책을 통해 이성의 오류 가능성을 인정하는 사회를 열린사회라고 규정한다. 아무리 옳다고 믿는 진리가 있더라도 그 진리가 독점적 권위를 갖는 것은 아닐 수 있으니 비판을 허용하는 사회가 건강하다는 주장이다. 도시가 다양성이라는 가치를 포괄해야 하는 이유는 바로 이런 칼 포퍼의 열린사회를 지향해야 한다는 주장과 맞닿아 있다.

평평한 세상 또는 획일적 도시의 모델이 아니라 다양한 도시, 열린 도시를 추구한다면 인간이 가진 본연의 창조적 아이디어들이 제대로 발현될 수 있다. 일찍이 프랑스의 철학자 질 들뢰즈와 펠릭스 가타리는 이런 사회를 '1,000개의 고원'이라고 비유했다. 이들이 말하는 1,000개의 고원은 토머스 프리드먼이 말하는 '평평한 세상'과 절묘한 대구를 이룬다. 실은 이것이 국가가 아닌 도시가 가진 진정한 가치이기도 하다. 국가는 획일적인 지휘 체계를 지향하지만 도시는 본원적으로 다양한 방식으로 인간을 만족시키기 위해 발전하기 때문이다.

오늘날 급속도로 세계화를 이룬 거대한 중국 안에서도 성격이 서로 같은 도시는 이제 없다. 중국 정부는 더 이상 베이징과 상하이의 도시 모델만을 지향하지 않는다. 이는 2020년까지 샤오캉 사회小康社會(의식주 문제가 해결된 다소 풍요로운 사회)를 건설하기 위해 내놓은 '스화동부四化同步(4가지 보조를 맞춰야 할 전략)' 가운데 '신형 도시화' 전략은 삶의 질 제고와도 밀접한 관련이 있다. 선전을 창신(창업과 혁신) 도시로, 텐진을 생태문명 도시로 바꾼 움직임도 신형 도시화 전략의 성과다.

도시에 색깔을 입히는 시도도 한창이다. 중국의 대표적인 관광 도시인 장가계에서 개발을 진행 중인 중국 JC그룹은 이곳에 문화 도시를 만든다. 중국에서 만난 JC그룹 아태지역 CEO인 푸캉저우는 "오는 2020

년까지 300억 위안(약 5조 원)을 투입해 장가계 도시 개발을 한다. 단순히 건물을 올리는 과거형 개발 방식에서 탈피해 의료, 교육, 관광, 포럼 등 삶의 질을 높일 수 있는 컬처 시티culture city를 만든다"고 말했다.

이처럼 다양한 도시들이 여기저기서 만들어지면 인간이 다른 인간과 만나서 생각지도 못했던 창조적 아이디어를 만드는 세렌디피티뜻밖의 발견가 발생할 확률은 높아질 것이다. 이데아 시티가 궁극적으로 지향해야 할 것은 바로 이런 세렌디피티가 만들어질 확률을 높이는 것이다. 인간이 본질적으로 가진 장점, 즉 창의성을 극대화할 수 있는 공간으로서 도시를 자리매김하게 하기 위해서는 도시는 획일성이 아닌 다양성을 지향해야 한다.

이데아 시티는 문명의 실험실이 되어야 한다

이데아 시티는 새로운 가치를 만들기 위한 실험실이다. 국민보고대회 연구진이 말하는 이데아 시티의 시스템을 갖춘다면 인류가 현재 맞닥뜨린 수많은 문제들을 보다 나은 방향으로 해결할 수 있다. 플라톤은 이데아를 현실을 더욱 잘 반영하는 실체라 정의하면서 이를 연구하는 것만이 참된 지식을 얻는 길이라고 했다.

국민보고대회 연구진은 바로 이런 개념의 이데아가 도시에 담길 수 있길 희망한다. 진정한 사물의 원리와 인간의 본성, 바람직한 사회의 모습을 이데아라고 한다면 이런 것들이 투영될 수 있는 도시가 이데아 시티이길 소망하는 것이다.

오늘날 인류를 괴롭히는 심각한 문제 중 하나인 환경오염이 그 좋은 예가 될 수 있다. 2017년 세계적인 의학저널 중 하나인 〈랜싯〉에 발표된 보고서에 따르면 2015년 전 세계에서 환경오염으로 주어진 수명만큼 살지 못하고 사망한 사람이 900만 명에 이른다고 한다. 그해 사망한 사람 6명 중 한 명 꼴로 환경오염 때문에 조기에 목숨을 잃은 셈이다. 이는 말라리아, 에이즈, 결핵 등 질병으로 인한 사망률보다 높다. 사회학자 울리히 벡은 서구 주도의 산업화와 근대화가 낳은 비극이 바로 환경오염과 같은 '위험사회'라고 주장한다.

또 다른 위험사회의 예시로는 체르노빌 원전 사고처럼 우리 주변에 늘 예리하게 도사린 원자력발전소의 문제도 꼽힌다. 근대 문명으로 인해 새로운 문명의 이기들이 발전하긴 했지만, 편리성과 효율성 중심으로만 기술을 발전시키다 보니 인간은 더 큰 위험들을 끌어안고 살 수밖에 없다. 보다 편하고 값싼 제품들을 만들려니 공해가 발생하고, 원자력 에너지를 안전하게 다룰 생각을 하지 못한 것이다.

근대 문명은 합목적성과 효율성에 가치를 둔다. 그러나 문명의 본질적 문제의식은 사람을 보다 사람답게 만드는 데 있다. 우리는 야만사회와 문명사회를 구분할 때 단지 기술적 우위를 가지고 말하지 않는다. 프랑스의 철학자인 클로드 레비스트로스는 아프리카 식인종이라 하더라도 그들만의 보편법칙이 있으며 그 질서에 따라 움직이면서 수치심을 느끼지 않는다면 그곳을 문명사회로 불러야 한다고 주장했다. 그리고 오늘날 사회에서도 일반적으로 통용되는 법률을 뛰어넘어 독점적 권력자가 다른 인간을 정복하고 복속시킨다면 그곳이 진정한 야만사회라고 말했다. 문명의 실체를 반영하는 이데아가 있다면 그건 오늘날 우리가 아는 것처럼 효율성과 합목적성, 물신주의가 지배하는 근대 문명은 아니라는 얘기다.

국민보고대회 연구진이 주장하는 이데아 시티는 왜곡된 가치의 우선순위를 인간 중심으로 바로잡는 새로운 문명 도시를 지향한다. 실제로 근대의 산물인 오늘날 도시들이 가진 문제들은 대부분 이처럼 왜곡된 가치의 우선순위 때문에 발생한다. 예를 들어 오늘날 중국의 대도시에는 쉐취팡學區房이라는 곳이 도처에 널려 있다. 자녀들을 좋은 학교에 보내려 부모들이 학교 인근에서 머무르는 쪽방이다. 그나마 쪽방이라도 구하면 다행이다. 쪽방까지 가격이 오른 탓에 빈민층은 좁은 지하공간에서도 밀려나 이른바 '생쥐족'으로 살아간다. 베이징 당국이 추산한 바에 따르면 베이징 인구 2,100만 명 중 28만 명가량이 생쥐족이라 한다.

왜 이런 현상이 발생했을까? 곱씹어보면 매우 합리적이다. 중국에서는 한 가정에 한 아이밖에 가지게 하지 못하는 산아제한 정책이 팽배했던 탓에 오늘날 중국인들에게는 자녀에게 양질의 교육을 시키는 것 외에는 뚜렷한 노후 대책이 없다. 매우 합리적이고 효율적인 선택이다. 그러나 적절한 주택의 공급이 이뤄지지 못하고, 균형 잡힌 도시의 삶이 공급되지 못하는 오늘날 중국의 도시 모습은 분명 시장의 실패 이상의 문명의 실패다.

다행히 4차 산업혁명의 새로운 기술은 근대 문명이 저질러놓고 방관만 했던 각종 문제점들을 해결할 가능성들을 보여준다. 예를 들어 자율주행차는 차량을 소유가 아닌 공유의 개념으로 바꾼다. 이동하기 위해 수많은 자본을 투자해야 했던 과거와 달리 미래에는 내가 원하는 만큼 저렴한 가격에 이동할 수 있는 길이 열릴 것이다. 사람들의 우선순위는 이제 멋진 차량을 가짐으로써 자신의 정체성을 드러내는 것이 아니라, 차량 안에서 어떤 가치 있는 작업을 하는지로 바뀔 것이다. 우리의 시선은 차량 그 자체가 아니라 다시 차량에 탑승하는 인간으로 돌아가는 것이다.

교육도 인간의 값어치를 높이는 데서 인간의 잠재력 그 자체를 높이는 방향으로 변화 중이다. 오늘날 등장한 미네르바스쿨이나 에콜42 등의 교육기관은 동료들에게서 서로 배우는 P2P 교육을 지향한다. 인터넷과 소셜 미디어 등을 통해 학생들은 선생님이 아니라 동료들에게 배운다. 먼저 배운 사람에게 지식을 습득하는 것은 인터넷 강의 등으로 충분하다는 것이다. 대신 학생들은 동료들과 머리를 맞부딪혀 가며 새로운 아이디어를 생성하는 법을 배운다. 새로운 문명은 우리 사회의 우선순위를 물질과 금전, 효율성과 합목적성에서 인간과 공동체를 중심으로 돌려놓는 작업을 하는 과정에서 탄생할 것이다.

그러나 이러한 새로운 문명이 쉽게 탄생하기란 쉽지 않다. 구글, 페이스북, 아마존과 같은 약삭빠른 IT 공룡들은 인간 중심의 문명을 만들 수 있는 새로운 기술을 재빠르게 활용해 이익을 올리는 데 혈안이 되었다. 인공지능과 같은 기술을 활용해 개인화된 맞춤형 광고를 내보내는 구글, 페이스북이나 가격 차별화 정책을 꾀하는 아마존 등이 대표적이다. 기술은 중립적이기 때문에 그 개발에서 인간이 방향타를 잡지 않으면 역으로 공격당할 수 있다. 울리히 벡이 말하는 위험사회가 도래할 수 있다.

국민보고대회 연구진은 이데아 시티가 바로 원래 그래야 하는 문명의 실체를 바로잡아줄 수 있는 도구라고 주장한다. 3부에서는 일자리, 교육, 의료, 환경, 교통, 노동 등의 각 분야에서 이데아 시티가 어떻게 인간을 근대라는 과거 문명의 굴레에서 해방시킬 수 있는지를 다룰 것이다.

3부

이데아 시티로
가능해질 미래 ①

이데아 시티는 혁신적 아이디어, 그 아이디어를 구체화할 수 있는 인력,
자본의 투입을 블록체인 등의 신기술로 더 쉽고 빠르게 실행할 수 있다.
이를 통해 지금까지 없던 일자리가 생길 것이다.

일자리를
늘리는 도시

1명이 5명의 일자리를 만드는 이데아 시티

4차산업혁명위원회를 통해 정부가 만들겠다고 밝힌 스마트 시티는 일자리 측면에서 두 가지 결말을 낳을 것이 확실하다. 첫째는 중국 선전과 같은 도시가 되는 것이다. 30년 전 선전은 외부에 전혀 알려지지 않은 어촌에 불과했지만 IT 기술이 집약되면서 1,500만 명의 일자리가 창출됐다. 오늘날 중국인들은 선전을 '하루에 고층건물 한 채가 지어지는 도시'라고 부른다. 둘째는 송도 U-시티처럼 되는 것이다. 야심찬 계획으로 시작했지만 입주 초반 미분양 사태를 빚은 도시로 남을 수 있다. 결과가 무엇으로 나타날지는 장담하기 어렵다.

분명한 것은 국민보고대회 연구진이 말하는 이데아 시티는 정부가 밝힌 스마트 시티 계획과 상당 부분 다르다는 것이다. 정부가 이데아 시티의 정신을 수용하고 정부의 계획에 궤도를 수정한다면 일자리를 그야말로 꿀 쏟아내듯 만드는 화수분으로써 스마트 시티가 작동할 것이라 믿는다.

4차 산업혁명이라는 거대한 기술 진보의 물결로 인간의 일자리가 줄어들 것이라는 주장들이 나오지만 이데아 시티는 예외적으로 일자리를 늘리는 데 기여할 것이다. 이에 대한 근거를 제시한다.

첫째, 《직업의 지리학》을 쓴 엔리코 모레티 캘리포니아대 버클리캠퍼스 경제학과 교수의 연구 결과다. 모레티 교수는 근 10년에 걸친 데이터를 분석해 인터넷, 소프트웨어, 생명과학 등 혁신적 분야의 일자리가 다른 부문들에 비해 8배 이상 성장률이 높았다는 사실을 발견했다. 또한 그는 첨단기술을 가진 사람이 도시에 1명 존재한다면, 해당 도시에는 5명의 추가적인 일자리가 탄생한다는 통계적인 승수효과를 찾아냈다. 제조업 일자리는 3명을 창출하는 데 비해 효과가 훨씬 뛰어나다. 앞에서도 말했듯 이데아 시티는 첨단기술을 가진 사람들이 이제까지 해보지 못했던 실험을 할 수 있는 공간이다. 이런 매력을 십분 활용해 전 세계의 창조계급들을 모으는 데 성공한다면 모레티 교수의 법칙에 따라 수많은 일자리가 창출될 것이다.

둘째, 벤처캐피털 승리의 법칙이다. 벤처캐피털은 가장 위험하다고들 하는 스타트업에 투자하는 금융기관이다. 스타트업은 10년이 지나면

90% 가까이가 소멸하는 것으로 알려져 있다. 그런데 벤처캐피털의 경우 보통 3년을 최소 투자기간으로 본다. 매우 승률이 낮은 게임에 투자하는 셈이다. 그러나 벤처캐피털이 성공하는 원인은 따로 있다. 10개의 스타트업에 투자하면 2개 정도의 기업이 나머지 8개 기업에 투자한 원금을 보상하고도 남을 만큼의 수익을 올리는 경우가 많다. 벤처캐피털이 승리하는 이유다.

일자리 역시 마찬가지 법칙이 적용된다. 2013년 설립된 쿠팡은 불과 5년 사이 7,000명의 직원들을 고용한 기업으로 성장했다. 그러나 같은 해에 설립된 수많은 스타트업들은 흔적도 없이 사라졌다. 성공한 한두 개의 스타트업이 사라진 스타트업을 능가하는 새로운 일자리를 대거 창출한다.

셋째, 이데아 시티에서는 그동안 보지 못했던 새로운 직업, 즉 '듣보잡 듣도 보도 못한 직업'이 수없이 만들어질 것이기 때문이다. 예를 들면 자율주행차 실험 과정에서 발생한 수많은 사건과 사고를 다룰 수 있는 자율주행차 전문 보험조사원이 등장할 수 있다. 이데아 시티 속에서 해파리의 발광發光기관을 가로등에 접목시키는 실험을 한다면 생물학과 색채학을 동시에 전공한 새로운 기술자들이 도시 가로등을 설치하는 일을 해야 할지도 모른다. 참고로 프랑스 파리에서는 이미 '글로이'라는 스타트업이 해당 실험을 진행 중이다.

이데아 시티는 실험의 공간이다. 그래서 이데아 시티가 가져올 혁명을

'도시실험혁명'이라고 부를 수 있다. 세계경제포럼이 말하는 4차 산업혁명과도 비슷한 말이다. 그러나 도시실험혁명은 일자리 측면에서 긍정적 의미를 가진다. 실험을 통해 얼마든지 새로운 일자리가 생길 수 있다는 뜻이 포함되기 때문이다.

물론 일자리가 파괴될 수도 있다. 실험이 실패하면 그렇다. 그러나 10개의 실험 중 2개의 실험만 성공해도 실패한 8개의 실험에서 잃었던 일자리를 상쇄하고 남을 만큼 더 많은 일자리들이 탄생할 것이다. 실험이 성공하면 인공지능으로 인해 파괴된 일자리를 넘어 더 많은 일자리들이 탄생할 것이다. 결국 이데아 시티가 일자리의 해답이다.

혁신적 아이디어에 힘을 보탤 P2P 금융

새로운 혁신을 통해 일자리가 만들어지기 위해서는 3가지가 반드시 필요하다. 혁신적 아이디어, 그 아이디어를 구체화할 수 있는 인력, 그러한 인력과 아이디어를 움직이는 자본주의의 힘, 즉 투자다. 특히 자본 투자는 아이디어와 인력뿐인 스타트업에 가장 중요한 요소다. 자본이 투입되어야만 비로소 스타트업이 가동되고 일자리가 본격적으로 창출되기 시작한다. 즉, 새로운 실험과 혁신이 가능한 공간으로서 이데아 시티가 일자리를 창출하려면 자본 투자가 필수적이다.

문제는 그 자본을 어떻게 조달하느냐다. 기존에는 금융기관이 자본 투자의 역할을 했다. 낮은 이자를 지급하면서 일반인들에게 예금을 받은 다음, 그렇게 모은 돈으로 비교적 높은 이자율로 대출을 해주는 거간꾼 역할을 했던 은행이 대표적이다. 그러나 은행이 아무런 밑천이나 담보 없이 그야말로 아이디어 하나만 갖고 온 창업자에게 돈을 빌려주기란 거의 불가능에 가깝다. 은행 다음으로는 기관투자자가 있다. 국민연금이나 자산운용사들이 대표적이다. 이런 기관투자자들도 자신에게 돈을 맡기는 일반 국민들에 대한 책임감이 매우 막중하기 때문에 실패 가능성이 높은 창업가들에게 큰돈을 맡기기에 한계가 있다.

그래서 국민보고대회 연구진은 P2P금융(불특정 다수의 개인 사이에서 이루어지는 금융)이 이데아 시티에서 은행이나 자산운용사, 연기금 등이 못하는 역할을 할 것이라고 본다. 그 이유는 다음과 같다.

첫째, P2P 금융은 이미 혁신적 기업가들을 만드는 데 선도적 역할을 하고 있다. 대표적 사례가 와디즈라는 국내 P2P 금융기관이다. 이 기업은 작게는 수십만 원, 많게는 1,000만 원의 자금을 투자하려는 개인과 혁신을 일으키는 기업가를 중개한다. 그 결과 수많은 스타트업들이 일자리를 만들어낸다. 2017년 '청와대 맥주'로 화제를 모은 국내 대표 수제맥주 회사인 세븐브로이는 와디즈에서 펀딩을 받아 31명의 직원들을 고용한 기업으로 성장했다. 비정규직이 없는 스타트업으로 언론의 주목을 받았다.

둘째, P2P 금융은 공동체를 형성하는 데 기여하려는 움직임을 보인다. 최근 등장한 흥미로운 사례가 있는데 위트러스트WeTrust라는 블록체인 기반 P2P 보험 서비스 제공 업체가 있다. 맥킨지앤드컴퍼니 컨설턴트였던 조지 리가 창업한 이 기업은 각종 보험 및 사회보장 규약들을 블록체인 위에 올려놓고, 이에 동의하는 개인들이 자발적으로 하나의 서클을 만들어 운영토록 하는 시스템인 로스카ROSCA를 만들었다. 국가가 사회보장을 해주지 못할 때 이웃끼리 계나 품앗이를 형성해 상호부조를 했던 것과 비슷하다. 다만 예전에는 계를 만들면 사기를 당하거나 계주가 도망칠 위험이 많았지만 블록체인 기반에서는 계원의 다수가 찬성하지 않으면 자금이 인출되지 않는 시스템을 설계할 수 있어 안전하다.

이런 서비스가 이데아 시티에 접목된다면 도시 내의 공동체 의식을 높이는 데 기여할 뿐만 아니라 새로운 창업에 도전하더라도(국가가 제공하지 않는) 사회적 안전망을 확보할 수 있기 때문에 더 과감한 투자를 할 수 있는 여력이 생긴다. 그로 인한 일자리 창출도 늘어날 수 있다. 이는 기존 은행이나 자산운용사, 연기금 등이 하지 못한 기능이다. 결국 이데아 시티에는 P2P 금융이 필수적이다.

P2P 금융은 이데아 시티가 현실화될 경우 보다 강력한 힘을 발휘할 것이다. 모든 사람들이 아이디어 하나로 새로운 도전을 하는 공간인 이데아 시티에서는 제도권 금융기관들이 뛰어들 여지가 많지 않기 때문이다.

에스토니아의 전자시민증이 창출한 일자리

에스토니아의 탈린공항에서 도심으로 가는 입구에는 얼핏 보면 부조화스러워 보이는 건물이 있다. 파레하우스라고 불리는 건물인데 아래쪽 5개 층의 벽은 석회석, 상단 6개 층의 벽은 유리다. 1924년 건축된 제지공장 보일러 건물 위에다 유리벽 구조의 아파트를 올렸다. 왜 이렇게 지은 것일까? 건물을 철거하고 새로 지으면 될 일이지 굳이 1924년에 지었던 건물을 남겨둘 이유가 있었을까? 이 건물에 대해 에스토니아 사람들은 이렇게 설명한다.

"건물 하단부는 억눌렸던 구소련 체제를 상징하며, 상단부는 디지털 강국으로 뻗어나가는 에스토니아의 현재 모습을 담았다."

최첨단을 지향한다는 에스토니아의 정신이 이 건물에 담겨 있다는 말이다. 아니나 다를까? 이 건물에는 에스토니아가 세계 최초로 도입한 전자시민증e-Residency을 기획·관리하는 기관이 있다. 사무실 입구 벽에 붙은 "디지털 에스토니아로의 입장"이라는 문장이 눈에 띈다.

전자시민증은 디지털 국경을 없애는 획기적인 정책이다. 외국인들은 100유로(약 13만 원)만 내면 온라인상의 간단한 절차를 거쳐 전자시민증을 받을 수 있다. 에스토니아 전자시민증의 가장 큰 장점은 EU 가입 국가를 여행하지 않았어도 EU 법의 적용을 받는 법인을 설립할 수 있다는 점이다.

블록체인 기술로 운영되는 이 전자시민증은 가상공간을 통해 기업을

설립하고 운영할 수 있다는 점
에서 국민보고대회 연구진이
말한 이데아 시티의 개념과 매
우 가깝다. 에스토니아에 법인
을 설립하기 위해 전자시민증
을 받는 사람들은 에스토니아

에스토니아
전자시민증

인이 아니라 전 세계 시민들이다. 예를 들면 실리콘밸리에서 벤처캐피털
을 운영했던 팀 드레이퍼 DFJ 회장 같은 사람이나 보안 소프트웨어 스타
트업을 차린 김용대 CEO 같은 사람들이다. 이들은 유럽에서 하고 싶은
사업들을 위해 최소한의 규제와 세금, 최소한의 정보 차단, 높은 사이버
보안이 가능한 탈린이라는 도시를 사이버 공간을 통해 찾은 것이다.

탈린의 실험은 놀라운 일자리 창출 효과를 불러일으켰다. 에스토니아
전자시민증은 2014년 12월 시행된 뒤 2만 8,000명이 발급받았고 매년
1,000~2,000개 법인이 탈린에 설립되고 있다. 국내에서가 아니라 해외
에서 혁신적 아이디어를 가진 스타트업들이 탈린에 본사를 설치했기 때
문에 관련된 일자리도 창출된다. 비록 법인 설립의 주체는 해외에 있지
만 해당 법인을 운영하기 위한 법률, 세무, 회계 등의 서비스는 현지 업
체를 고용해야만 하기 때문이다.

에스토니아는 전자시민증을 부여받을 외국인들을 1,000만 명까지 늘
리겠다고 목표를 잡았다. 이렇게 창출되는 일자리는 국가 경제를 성장

시킨다. 또한 새롭게 생겨나는 법인들이 연간 법인 유지비용으로 내는 자금과 이익을 EU 외부로 배당할 때 내는 세금 등은 탈린의 재정에 도움이 된다.

에스토니아가 이렇게 발전의 선순환 고리에 진입한 이유는 도시와 국가의 시스템을 빠르게 디지털로 전환했기 때문이다. 1991년 옛 소련의 통치를 벗어났을 때 에스토니아의 산업 기반은 취약했다. 러시아가 떠나면서 잠수함 조립과 섬유 등 일부 산업마저 가동이 중단됐다. 전화기 보유 가정은 절반이 안 됐고, 전화기를 받는 데만 수개월이 걸렸다. 이런 상황에서 에스토니아는 발상의 전환을 꾀했다. 바로 디지털화였다. 먼저 국가행정 체계를 디지털로 바꾸는 데 주력했다. 정부 기록서류들이 분실됐기 때문이다. 구소련 통치가 51년간 진행되면서 과거 에스토니아 국적 보유자와 부동산 소유권 문건들이 많이 사라졌다. 데이터 보관의 중요성을 깨달은 뒤 아예 종이보다는 디지털화로 과감히 방향을 틀었다.

2000년대 초반 인터넷을 기본 권리로 규정하고 규제를 대거 없앴다. 모든 행정업무를 온라인으로 처리하는 엑스로드 프로젝트를 가동했다. 부족한 인프라를 보완하고 행정 처리 비용을 줄이기 위해서다. 국민보고대회 연구진이 현지에서 만난 에스토니아의 대통령 케르스티 칼리울라이드는 취임 후 외교관 신임장과 연말 연하장을 제외하곤 종이 문건에 서명한 적이 없다고 말했다.

주목할 만한 것은 국가의 디지털화로 인해 공무원 부패가 사라졌다는 점이다. 대면 접촉 필요성이 줄어들고 행정 절차가 투명해졌기 때문이다. 2016년 기준 에스토니아의 반부패지수는 180여 개국 중 22위다. 프랑스(23위) 한국(52위)보다 높다. 러시아, 중국, 베트남 등 사회주의 체제를 경험했던 국가가 공무원 부패에 시달린다는 점은 누구나 잘 알기에 놀라운 수치다.

에스토니아는 디지털을 통해 시민권을 부여하는 행정을 대체하고 국가 거버넌스를 개조했다. 그 결과 일자리 창출 정책 실행이 가능했다. 즉, 일자리를 창출하는 기회요인 중 하나가 바로 이데아 시티일 수 있다. 그리고 에스토니아가 그 가능성을 보여줬다.

인구는 3만 명인데 일자리는 4만 개… 스위스 주크

미국의 골드러시 시대에서 돈을 번 사람은 금을 캔 사람이 아니라 정작 이들에게 청바지를 팔고, 빨래 서비스를 제공한 사람들이란 말이 있다. 비트코인을 흔히 '디지털 골드'에 비유한다. 그렇다면 비트코인 금맥이 터진 상황에서 돈을 번 사람은 누구일까? 스위스의 작은 도시 주크는 전 세계적으로 몰아친 암호화폐 열풍에 힘입어 막대한 일자리와 자금을 빨아들이고 있다.

스위스는 문화적으로 사생활 보호와 비밀주의, 법적 안정성이 깊게 뿌

리내렸다. 스위스 정부는 우호적인 규제 환경을 제공하며 사업자들은 지원을 아끼지 않는 정부와 어렵지 않게 접촉하고 소통한다. 스위스의 탈중앙화된 상향식 정치 문화는 블록체인 기술이 추구하는 방향과도 맞아떨어진다. 스위스는 일찌감치 비트코인 거래에 대해 부가세를 부과하지 않기로 정했다. 개인의 자본 이득에 대한 세금 역시 없다. 주크의 법인세 실효세율은 14.6%다. 취리히(21.15%), 슈비츠(15.27%) 등 다른 지역보다 낮다. 철수세exit taxation도 없어 들어오는 것만큼 나가는 것도 쉽다.

이런 환경 덕분에 주크에는 비전을 가진 기업가와 암호화폐 기술의 선구자들이 끊임없이 모여든다. 스위스의 취리히부터 주크까지 그 일대에는 자연스럽게 암호화폐 기술 클러스터가 형성됐다. 바로 크립토밸리다. 한국 최초로 ICO를 단행한 블록체인OS의 보스코인BOS 재단법인이 주크에 있다. 데일리금융그룹도 아이콘 재단ICON foundation을 주크에 세우고 총 460억 원을 끌어모았다. 전 세계에서 기업들이 몰려드니 주크 내 법률사무소, 세무사무소, 마케팅, PR 회사 등은 문전성시다.

주크 또한 이 기회를 놓치지 않기 위해 전폭적으로 지원한다. 주크는 시가 제공하는 서비스에 대한 수수료도 비트코인으로 받는다. 주크가 블록체인과 암호화폐에 우호적인 여건을 조성하면서 2016년 한 해에만 주크에 200여 개의 기업이 새로 생겨났다. 돌피 뮬러 주크 시장은 "대부분 소규모 기업임을 감안해도 일자리가 최소 300개 이상 늘어난 셈"이라고 말했다. 인구 3만 명 수준인 주크의 일자리는 4만 개다. 말 그대로 일자리 천국이고, 경제학적으로도 대성공이다. 뮬러 시장은 뭔가 새로운 것을 시도할 땐 리스크에 대해 묻지 말고 기회를 물어야 한다는 조언도 빼놓지 않았다.

한 나라의 법무부 장관이 암호화폐 투자는 도박이고, 거래소는 폐쇄해야 한다고 말하는 국가에서 지자체가 이런 결정을 내

주크 시청 정문에 붙은
비트코인 마크

릴 수 있을까? 스마트 시티를 조성한다면 적어도 그 안에서만큼은 자율성을 보장해야 한다. 스위스 내 지방자치단체는 자주적이다. 주크 역시 뮬러 시장을 포함한 의회 구성원 5명에 의해 의사결정이 이뤄진다. 뮬러 시장은 우리가 법을 만들 수 없지만 비트코인으로 수수료를 받는 정도는 우리가 자유롭게 결정할 수 있다고 말했다.

주크의 사례를 보면 일자리 창출에 필요한건 조 단위의 돈이 아니다. 일자리를 창출하겠다는 거창한 구호도 아니다. 바로 유연하고 열린 사고다. 이데아 시티를 통해 규제를 없애고 유연한 아이디어들을 끌어모을 수 있다면 인구 3만 명에 일자리는 4만 개인 주크 같은 현상이 나타나지 말라는 법은 없다.

"우리는
비트코인을 환영한다."

돌피 뮬러
스위스 쥬크시 시장

　"2016년 5월 블록체인 사업을 한다는 사람들을 의회로 초대해 블록체인과 비트코인의 차이에 대해 물었다. 그 후 우리(시 의회) 다섯 명이 동네 피자집에서 식사를 하다가 '비트코인을 받아보자'고 의견을 모았다. 이게 크립토밸리-주크 콜라보의 시작이었다."

　돌피 뮬러 주크 시장은 2014년 스위스 주크에 블록체인 관련 스타트업이 생겨나기 시작하던 시절을 마치 주크에 UFO가 내려온 듯했다고 회상했다.

　"당시 주크로 온 사람들이 블록체인은 탈중앙화된 시스템이라 말했는데 이는 스위스와 닮아 있었다. 그들이 왜 주크로 왔는지는 모르겠지만 어쨌든 사람들이 몰려왔고 우린 기회를 잡아야 했다."

　주크 시청 정문에는 비트코인을 받는다는 뜻인 "Bitcoin accepted

here"라는 스티커가 붙어 있다. 세금을 비트코인으로 받는 건 아니고 시에서 제공하는 서비스를 이용할 때 내는 수수료 정도로 그 비중은 매우 작다지만 이 결정이 갖는 상징적인 의미와 파급력은 컸다. 변호사 사무소, 부동산, 치과 등에서도 비트코인 지불을 도입하기 시작했고, 한 와인 딜러는 비트코인 지불을 도입한 뒤 클라이언트가 100곳 이상 늘어났다고 한다. 뮐러 시장은 비트코인으로 지불한다는 사실보다는 5년 뒤, 10년 뒤를 바라보는 마인드셋이 더 중요하다고 말했다.

스위스는 전 세계에서 ICO가 가장 많이 일어나는 국가 중 하나다. 한국 정부는 사기, 자금 세탁 등의 부작용을 우려해 2017년 9월에 ICO를 전면 금지했다. 이에 대해 뮐러 시장은 과한 규제의 부작용을 지적했다.

"부드러운 규제는 필요하지만 딱딱한 규제는 안 된다. 시장을 억압하는 건 좋은 생각이 아니다. 필요가 있다면 사람들은 무슨 수를 써서라도 한다. 미국이 금주령을 내렸을 때 마피아가 생겨나지 않았는가?"

주크에서는 예상되는 문제가 있다면 시장의 자율 규제를 통해 피해간다고 한다.

"스스로 만든 자율규제를 준수하는 기업과 사람들만 받아들이고 이를 지키지 않을 경우 아웃시키는 게 바로 주크의 방식이다."

도시를 문화 일자리의 실험실로 만든 CJ CGV

2017년 7월 CJ CGV의 플래그십 영화관으로 출범한 CGV용산아이
파크몰은 상징성 있고 실험적인 영화관이다. '용아맥(용산 아이파크몰 아이
맥스의 줄임말)'이란 애칭이 붙을 정도로 인기가 높은 아이맥스관을 비롯
해 국내 유일한 4DX(영화 장면에 맞춰 의자가 움직이고, 바람, 안개, 향기 등의
환경효과가 구현되는 극장)과 스크린X(좌우 벽면까지 3면을 스크린으로 활용하
는 극장)가 결합된 영화관, VIP 룸영화관인 스카이박스 등이 대표적이다.
CGV용산아이파크몰은 CGV가 개발 중인 각종 극장 기술의 집합체다.

CJ CGV는 다른 지역에 있는 연구소도 용산으로 이전해 최종 소비자
의 반응을 즉각 확인하며 실험할 수 있는 극장기술 리빙랩을 완성할 계
획을 세웠다.

극장 좌우 벽면까지 영화를 투사하는
CJ CGV의 스크린X 극장

덕분에 CGV용산아이파크몰은 전 세계 영화업계에서 찾는 명소로 발돋움했다. 과거에는 한국 업체들이 해외로 탐방을 다녔지만 이제 해외 유명 극장 및 스튜디오에서 용산을 찾는다. CJ CGV는 현재 57개국에 수출한 4DX 상영관 수출 상담 업무를 위해 해외 바이어를 용산으로 초청하며, 넷플릭스를 비롯한 영화 스트리밍 서비스 탓에 고전하는 세계 각지의 영화관 관계자들도 용산을 방문한다.

2017년 8월 말에는 같은 달 종영했던 영화 〈덩케르크〉를 재상영한 일도 있었다. 종영한 작품을 한 달도 안 돼 재상영한 것은 가로 31m, 세로 22.4m의 세계 최대 아이맥스관인 CGV용산아이파크몰에서 제2차 세계대전을 배경으로 실감나는 전쟁 장면을 관람하는 재미가 관객들의 입소문을 탄 덕분이다.

CJ CGV가 내놓은 각종 기술은 기존 극장을 대체하지 않고 새로운 가치를 더한다는 측면에서 의미가 크다. 4DX 연구를 전담하는 약 300명 규모의 자회사인 CJ포디플렉스는 신기술을 통해 일자리를 만든 선례다. 후속 기술인 스크린X를 비롯해 다양한 실험이 성공을 거둘 때도 다른 일자리가 줄어드는 일 없이 신규 고용을 이끌어낼 것으로 기대된다.

CGV가 카이스트와 공동 개발한 스크린X 기술은 국내 영화 컴퓨터그래픽 업계에 새로운 기회다. 해외 유명 영화 제작사들도 스크린X용 작품을 출시하려면 CGV의 플랫폼을 무조건 거쳐야 하기 때문이다. 스크린X용 영화의 좌우벽면 부분 화면은 주로 영화 제작 후반부 또는 완료

후 컴퓨터그래픽을 통해 제작되는데 는 국내 중소규모 컴퓨터그래픽 업체들과 작업을 진행한다. 스크린X용 영화 제작은 맞춤형 팀을 구성해야 하고, 해외 업체의 경우 단가가 높기 때문이다. 이는 국내 중소 컴퓨터그래픽 업체의 일감을 늘리는 것을 넘어 업계 전반의 경쟁력을 향상시키는 효과를 낸다. 규모와 기술면에서 압도적으로 뛰어난 해외 업체가 만든 컴퓨터그래픽을 바탕으로 작업하는 국내의 업체들이 자연스레 노하우를 체득할 기회가 생기기 때문이다. 또한 해외 유명 제작사들이 상대적으로 제작비가 저렴하고도 괜찮은 실력을 갖춘 국내 업체들을 체험할 계기도 생겨난다.

잇따른 실패로 흥행에 고전하던 애니메이션 업계도 스크린X를 통해 반전을 꾀하고 있다. 예를 들어 애니메이션 〈태양의 공주〉는 작품 구상부터 스크린X 화면을 염두에 두고 제작되었다. 박기수 CJ CGV 스크린X R&D 팀장은 "CJ CGV는 스크린X 기술을 발전시킬 좋은 파트너를 구한 셈이고, 애니메이션 업계는 국내기업인 CJ CGV가 갖춘 플랫폼을 통해 해외 애니메이션과 경쟁할 동력을 마련했다"고 전했다.

농촌을 벤처의 메카로, 전라남도의 스마트 팜

전라남도는 해남 기업도시에 조성 중인 634만 평 규모의 스마트 시티인 '솔라시도'에 국내 최대 규모인 99만 m²의 스마트 팜 클러스터를 조성 중이다. 농업벤처 창업을 활성화해 양질의 일자리를 창출하고 청년을 유입시켜 쇠퇴하는 농촌을 활력 넘치는 벤처 메카로 탈바꿈시키겠다는 청사진이다. 이는 광활한 토지와 서남해의 풍부한 일조량 등 천혜의 자연환경이 있기에 가능한 시도다.

스마트 팜은 농업의 생산·유통·소비 등에 ICT 기술을 접목해 농작물의 생육 환경을 적정하게 유지 및 관리할 수 있는 농장을 말한다. 데이터에 기반을 둔 최적의 생육 환경을 조성해 종전보다 적은 노동력, 에너지, 양분을 투입하고도 생산성과 품질을 높일 수 있다.

전라남도가 구상하는 최첨단 스마트 팜 클러스터는 농촌 인구 유출에 따른 고령화에 대한 해법을 제시한다. 일이 힘들고 소득이 적다는 기존 농업에 대한 인식을 재고시켜 청년농업인, 농업경영인을 육성하고 재배부터 가공, 유통, 기술, 판매까지 일괄 처리가 가능한 스마트 팜 클러스터를 조성해 양질의 일자리를 창출하자는 것이다. 또한 미래 농업기술 경쟁력을 확보함으로써 FTA 시대를 맞아 무한 경쟁 체제에 돌입하는 글로벌 농산품 시장에서 한국의 산업 경쟁력을 유지한다는 측면에서도 유의미하다.

스마트 팜 클러스터에는 선진국형 작물 생산에 최적화된 유리온실 시스템이 도입된다. 또한 온실을 규모별로 다양화해 대형 농업법인은 물론 개인도 소규모 온실을 관리함으로써 다양한 실험을 할 수 있는 여건을 조성할 예정이다. 100ha 기준 1,800여 개의 일자리 창출이 가능할 것으로 기대된다.

농업에 대한 전문 지식이 없는 사람이라도 단기간에 적응이 가능하도록 도 차원에서 국내외 교육기관을 유치하고 기술 컨설팅도 제공할 방침이다. 이를 통해 선진 농업기술의 국내 보급을 앞당기고 선진국 수준의 농업 생산성을 달성하는 게 목표다.

특히 전라남도는 청년층의 참여를 극대화할 수 있는 정책적 지원도 다방면으로 검토 중이다. 전문성을 요하는 기술의 사업화 분야에서는 기업과 농민이 협업하는 구조를 만들고 지자체가 이를 지원함으로써 불필요한 규제 때문에 우수한 기술이 사장되는 사태를 막겠다는 방침이다.

연관 산업의 육성도 스마트 팜 프로젝트의 중요한 부분이다. 대규모 단지에서 생산되는 농산품을 전문적으로 가공하고 유통하는 기업을 지원하며 온실 기자재 등 스마트 팜에 필수적인 시설물을 전문적으로 개발 및 생산하는 기업도 연계해 육성할 예정이다.

그리고 중장기적으로 스마트 팜과 연계된 연구개발R&D 조합도 활성화할 계획이다. 연구개발조합은 스마트팜을 운영하며 얻는 빅데이터 등 실증 자료를 가공해 국내의 기후와 토양에 최적화된 작물을 선별하고 특화함으로써 해외수출 상품으로 키우는 데 목적이 있다.

이 같은 노력을 통해 농업을 4차 산업혁명 시대 한국의 주요 성장 동

력으로 키울 수 있다면 일자리 창출은 물론 우리 스마트 팜 기술을 수출

하는 것도 불가능한 일이 아닐 것이다.

인간의 능력을
키우는 도시

교사와 교재가 없는 학교, 에콜42

"We don't teach, we don't coach."

프랑스 파리에 있는 IT 기술학교인 에콜42의 모토로 "가르치거나 지도하지 않는다"는 뜻이다. '가르침'이 없는 이 학교에는 교사가 없다. 교재도 학비도 없다. 그러나 이곳은 매년 수만 명의 청년들이 입시를 위해 몰려든다. 2018년에도 약 7만여 명이 에콜42의 문을 두드렸고, 4,000명만이 입학에 성공했다. 입학생 중에는 요리사는 물론 화가, 심지어 퇴학생도 있다.

학생들은 365일 24시간 개방된 캠퍼스에서 끼니를 때우고, 침낭을 덮고 잠을 청한다. 이 학교의 설립자는 프랑스 이동통신사인 프리모바일의 회장 자비에르 니엘이다. "불확실성, 가능성, 다양성이 중요한 시대에 살아남아라"는 그의 주문에 따라 이 학교 학생들은 어떤 어려운 과제도 스스로의 힘으로 해결해야 한다.

니엘의 철학은 이 학교의 입학시험으로 불리는 '피씬Piscine'에 고스란히 녹아들었다. 피씬은 프랑스어로 수영장이라는 뜻이다. 이 학교에 입학했다는 건 물속에 내던져졌다는 의미다. 학생들은 눈앞에 펼쳐진 상황을 스스로 헤쳐 나가야 한다. 속도는 느려도 겉보기에 우아한 자유형을 해도 되고, 일단 빠르게 빠져나올 수 있는 개헤엄을 쳐도 된다. 어려운 상황을 자발적으로 해결하는 과정을 통해 학생들은 독립심과 협동심을 배운다. 어떤 교사나 교재도 이만큼 적나라하게 가르쳐줄 수는 없기에 에콜42의 경쟁력은 유효하다.

에콜42는 P2P 교육방식을 강조한다. 스스로 당면한 문제를 주변 학생과 함께 풀어나가면서 서로의 역량을 최대로 끌어내라는 것이다. 주어진 과제를 해결할 수 있는 열쇠는 동료, 그리고 열정인 셈이다. 에콜42는 오늘날 이러한 협업 능력이 필수라고 강조한다. 이러한 멤버십이 사회를 발전시키고 새로운 가치를 창출할 수 있다.

어떤 후보생은 한 달 동안 쉬지 않고 교육을 받다가 수면부족을 겪는 건 기본이고 심지어 환청에 시달렸다고 한다. 이 힘든 과정을 겪고 나면 최종 합격 여부를 떠나 순간순간이 온전한 자기의 경험으로 승화된다. 문제 해결에서 즐거움을 찾는 법, 실패하고 다시 시작하는 걸 두려워하지 않는 법을 터득한 에콜42 학생들은 불확실한 환경으로 가득한 요즘 시대에 맞춤형 인간으로 성장한다.

성과는 곧바로 나타났다. 에콜42의 졸업생들은 구글, 페이스북 등 굵직한 IT 기업으로부터 스카우트 제의를 받았다. 최악의 취업 환경인 프랑스에서도 100% 취업률을 달성했다. 이런 노력이 복합적으로 작용해 에콜42는 2013년 11월 개교 1년 만에 11개의 스타트업 창업을 성공시켰다. 이 중에는 벌써 기업 가치가 10억 달러(약 1조 원) 이상으로 치솟은 기업도 있다. 에꼴42의 성공사례는 교육의 근간을 흔들어놓았다. 가르치고 배우는 게 아무 의미가 없다는 사실이 증명된 순간 에콜42는 지식을 가르치는 공간을 넘어 새로운 뭔가를 창조할 수 있는 장으로 거듭났다.

이데아 시티는 이런 교육이 현실화되기에 알맞은 공간이다. 정해진 답이 있는 것이 아니라 이해관계자들끼리 참여하고 실험하면서 답을 찾아나가는 과정 중심의 도시 설계 방식이기 때문이다.

이데아 시티가 제대로 구성되려면 에콜42처럼 기존의 지식 전달형 교육을 벗어난 새로운 실험을 해야 한다. 그리고 에콜42를 통해 이뤄진 일련이 교육 실험이 졸업생들의 능력을 향상시키는 데 기여했다는 것도 주목할 필요가 있다. 이데아 시티를 통해 이런 교육이 도시에 전면적으로 실시된다고 상상해보라. 도시에 사는 시민들의 역량은 급격히 증가할 것이다.

전 세계가 캠퍼스인 미네르바스쿨

스마트 시티가 도입되고 교육 측면에서 두드러질 변화는 아마도 온라인 강의의 확대다. 가상공간을 통해 뛰어난 강사의 강의가 전국에 동시 상영될 수도 있다. 인공지능의 대가로 불리는 앤드류 응 전 스탠퍼드대 교수는 온라인으로 인공지능 강의를 하는데 동시접속을 통해 듣는 수강생의 숫자가 수만 명에 달할 정도다.

이러한 온라인 강의를 단순히 수업의 편리성을 위해서만이 아니라 학생들의 능력 향상을 위해 활용하는 학교가 있다. 바로 미네르바스쿨이다. 미네르바는 로마 신화의 여신이다. 그리스 신화에서는 지혜의 신 아테나인데 지혜와 기술, 음악의 여신이다. 여신의 이름에서 따온 미네르바스쿨에서는 어떤 지혜와 기술을 얻을 수 있을까?

빽빽한 책상과 학생으로 가득한 교실 안. 수험생들은 눈에 불을 켜고 수능 모의고사 문제를 푼다. 머릿속에 멋진 대학 캠퍼스를 상상하면서. 한국의 고등학교에서 흔히 보이는 장면이다. 2011년 미국에서 설립된 미네르바스쿨은 캠퍼스가 없다. 대신 전 세계가 미네르바스쿨 캠퍼스이자 학생들의 무대다. 실제로 미네르바스쿨 학생들은 세계 곳곳을 다니면서 부딪치고 경험하며 배운다. 학생들의 첫 무대는 미국 샌프란시스코였다. IT 기술의 산실에서 1년을 보낸 학생들은 이듬해 서울로 이동한다. 그 후 인도와 독일, 아르헨티나, 영국과 대만을 거치면서 다양한 문화를 체험한다. 이렇게 얻은 글로벌 경험은 미네르바스쿨 학생의 가장 큰 경쟁력이다. 서로 다른 문화권에 사는 사람들을 이해하면서 타인을 배려하는 마음도 배울 수 있다

미네르바스쿨의 수업은 온라인으로 진행된다. 학생들은 동료들과 실시간 대화를 하고, 교수와 영상통화를 한다. 이미 수업 내용에 대한 예습을 끝낸 학생들은 수업 때는 예습 내용을 토대로 토론 수업을 한다. 온라인 수업은 단순히 강의를 틀어주는 데서 그치지 않는다. 자체 개발한 영상통화 도구를 수업에 활용한다.

수업이 시작되면 모든 학생과 교수의 얼굴이 보인다. 교수 혼자 말하는 일방통행식 강의는 없다. 시간이 지나면 20명 학생 중 말을 많이 한 학생 화면에는 빨간색 배경이, 말을 적게 한 학생 화면에는 초록색 배경이 뜬다. 교수는 모든 사람의 발표를 일일이 체크하지 않고도 화면 배경색만 보면 수업 참여도를 파악할 수 있다.

과제를 스스로 해결하지 못한 문제는 수업 때 토론 수업으로 해결한다. 교수와의 토론을 통해 실마리를 찾을 수 있지만, 학생마다 서로 다른 문제 해결 방식에서 다양성을 배울 수도 있다. 미네르바스쿨의 온라인 수업이 과거 수없이 활용됐던 다른 온라인 수업과 차이점을 보이는 부분이다. 대학 같지 않은 대학, 강의 같지 않은 강의는 기존 시스템에서 조금도 벗어나지 못하는 우리에게도 시사하는 바가 크다. 대학 간 경쟁에서 연구 성과가 전부가 아니라는 것을 보여주는 사례이기 때문이다.

이제 대학은 4차 산업혁명으로 촉발되는 직업 세계의 변화에 대응해야 한다. 이러한 변화를 수용하기 위해서는 기존의 교육 시스템을 고수하는 것만으로 부족하다. 여기서 미네르바스쿨 스티븐 코슬린 학장의 말을 되새겨볼 필요가 있다.

"실생활에서 거의 쓸 일이 없는 시험 보는 능력은 이제 학생들에게 필요 없다. 이제는 비판적 사고, 창의성, 효율적인 상호작용과 같은 능력을 키워야 한다."

미네르바스쿨은 인간의 창의성을 극대화하기 위해 지식 전달은 최소화하고 전 세계 도시들을 돌아다니며 학생들에게 영감을 준다. 미네르바스쿨은 이데아 시티가 도입된 이후 도시에서의 교육은 어때야 하는지에 시사점을 준다.

스타트업의 실험실, 팹랩

이데아 시티를 통해 다양한 실험을 진행할 때 빼놓을 수 없는 것은 제조업 관련 교육이다. 〈와이어드〉의 편집장 출신인 크리스 앤더슨은 인간이 물건을 제조하는 방식은 과거와 완전히 달라질 것이라고 주장한다.

과거에는 거대한 자본을 들인 기계가 있어야만 자동차 같은 거대한 제조물품을 생산할 수 있었다. 그러나 3D 프린터가 등장한 이후에는 누구나 간단히 제조물품을 인쇄할 수 있는 시대가 왔다. 그렇다면 인간에게 필요한 스킬은 단순히 공장을 잘 운영하는 능력이 아니다. 물품을 디자인하고 새롭게 창조하는 능력이다. 이를 위해서는 실제로 만들고 테스트할 실험공간이 필요하다. 아이디어를 내는 데는 돈이 들지 않는다. 그러나 그 아이디어가 실제 통용될 수 있는지 만들어 테스트하고, 팔아보는 데는 상당한 진입장벽이 존재한다. 팹랩Fab Lab 은 바로 제조업 기반 스타트업들이 진입할 수 있는 장벽을 획기적으로 낮춘 교육기관이다.

실제로 하루 1만 개씩 생겨나는 스타트업의 면면을 보면 대부분은 인터넷 기반 사업이다. 제조업 기반의 스타트업은 여전히 진입장벽이 높다. 팹랩은 이런 문제점을 해결하기 위한 고민에서 나왔다. 제작 실험실이라는 뜻인 'Fabrication Laboratory'의 약자인 팹랩은 디지털 기기나 소프트웨어, 3D 프린터 같은 실험 생산 장비를 구비한 공간이다. 이곳에선 학생과 예비 창업자, 중소기업 경영자 등 누구나 기술적 아이디어를 실험하고 실제로 구현해볼 수 있다. 주로 지역사회 차원에서 생겨난 이른바 풀뿌리 과학기술 혁신 활동의 일환인 것이다.

팹랩은 1998년 MIT 교수였던 닐 거센필드가 3D 프린터나 레이저 커터 같은 신기술 장비들을 이용해 학생들에게 물건 제조법을 가르치는 수업에서부터 시작되었다. 이 수업은 큰 반향을 일으켰다. 자신의 아이디어만으로 실제 물건을 만들 수 있는 혁명적 방법에 대한 강의였기 때문이다.

학생들은 손으로 조작하는 공작기계가 아니라 컴퓨터가 알아서 만드는 새로운 공작기계의 사용법을 접하면서 이전과는 다른 아이디어들을 현실화하기 시작했다. 당연히 이전처럼 손으로 만지는 도구를 통한 공작 교육과는 다른 종류의 학습이었다. 이러한 학습을 통해 학생들은 절삭기계나 주물법에 대한 연구보다는 새로운 제품에 대한 아이디어를 발달시키는 것에 대한 두뇌근육이 강화돼야 함을 느낀다. 또한 제작도면과 아이디어를 서로 공유시켜 발전시키는 것이 얼마나 중요한지에 대해서도 깨닫기 시작했다.

이런 팹랩 운동은 도시에도 많은 시사점을 던져준다. 단순히 도시의 구성요소인 주택과 공장, 공공시설 등을 어떻게 짓는지에 대한 방법론이 중요한 것이 아니라 이들을 어떤 형태로 짓고 조합할지에 대한 아이디어를 만들어내는 두뇌근육이 보다 중요함을 깨닫게 해준 것이다.

이 기념비적인 수업이 각광받은 이후 전 세계적으로 팹랩을 만들겠다는 시도들이 줄을 이었다. 국제팹랩협회라는 단체가 만들어졌고, 우리나라에도 2013년 4월 종로세운상가에 팹랩서울이 자리를 잡았다.

참고로 팹랩을 세우기 위해서는 몇 가지 조건이 필요하다. 일단 레이저 커터나 CNC 조각기, 3D 프린터 등의 핵심 장비를 갖춰야 한다. 그리고 이러한 기기는 사람들이 자유롭게 드나들며 사용할 수 있도록 전면 개방돼야 한다. 그리고 서로 물건의 제작법을 공유하고, 전 세계 팹랩 네트워크 활동에 활발히 참여해야 한다. 이러한 조건을 얼마나 준수하느냐에 따라 국제팹랩협회에서 등급을 나눠서 부여한다.

프라하의 똑똑한 인간 만들기 프로젝트

체코의 수도 프라하는 유럽 제4의 관광도시다. 체코의 주요 기업 및 대학이 밀집해 있고 체코 GDP의 1/4을 생산하는 유럽의 주요 도시다. 하지만 문화재 보호를 위한 제한적 개발로 역동적인 변화에 대한 대비가 부족한 상황에서 관광도시를 넘어 유럽의 대표적인 국제도시로 발전하기 위한 혁신기술 도입이 필요했다.

프라하는 대학과 기업 등이 모두 힘을 합쳐 도시민을 보다 똑똑하게 만들겠다는 목표로 다양한 프로젝트들을 시작했다. 이러한 비전을 계기로 만들어진 게 바로 똑똑한 프라하, '스마트 프라하' 프로젝트다. 혁신적인 기술을 도입해 공공장소의 서비스를 개선하고 시민들을 업그레이드해 2030년까지 유럽의 가장 발전된 국제도시 중 하나로 발돋움하겠다는 목표를 가졌다.

그러나 실제 프라하가 추진하는 내용은 일반 스마트 시티들이 하는 프로젝트들과 비슷하다. 처음 2년간 스마트 프라하의 프로젝트에 사용될 예산은 6억 체코 코루나로 약 280억 원 정도다. 주로 빅데이터나 오폰 데이터를 활용한 실용적인 관광 정보를 제공하고 사물인터넷을 활용한 스마트 주차나 가로등 시스템 등 차세대 ICT 기술을 각 핵심 분야에 도입하겠다는 계획이다.

주차공간이 부족한 프라하가 계획하는 핵심 프로젝트 가운데 하나는 모빌리티 분야다. 도로나 가로등에 설치된 센서는 빈 주차구역을 파악해 모바일 애플리케이션과 연동해 주차구역을 안내하고 예약을 가능하게 해준다. 해당 건물의 거주자나 방문자, 장애인 차량 등을 파악해 차량에 알맞은 주차공간을 안내해주는 것도 가능하다.

도로 벤치에서는 태양광에너지를 이용해 와이파이 이용과 USB 충전이 가능하다. 쓰레기통이 다 차면 자동으로 쓰레기를 압축하고, 인터넷과 연결되어 수거 시점을 알려준다. 수거 효율성이 커지면서 쓰레기 수거 빈도는 최대 80% 줄어들 것으로 예상된다. 가로등에는 레이더 센서를 장착해 교통과 보행자의 이동 흐름을 파악하고, 온도나 공해 등을 측정하는 등 도시의 다양한 정보를 수집해 그에 따른 실시간 대응이 가능하다.

프라하 시민들은 지역 대중교통 통합결제 시스템을 이용해 모바일 애플리케이션으로 티켓을 구매할 수 있다. 대중교통 지불수단 역시 웨어러블 기기 등으로 대체될 예정이다. 승객의 이동 거리, 활동 반경이 자동으로 감지돼 최적의 요금이 청구될 예정이다. 관광객이나 일회성 대중교통 이용자 역시 편리하게 이용할 수 있는 장점을 가진다.

이러한 스마트 프라하의 청사진을 담은 프로젝트는 현재 시범 운영 단계다. 스마트 시티의 도약을 위해서는 인프라 구축이 필수적이다. 시범 운영 중인 프로젝트를 실제로 공공장소에 적용하고 실효성 검증을 거친다면 오는 2025년에는 도시 곳곳에서 스마트 기술이 적용될 것으로 기대된다. 궁극적으로는 스마트 주차 시스템이나 스마트 쓰레기통 등의 프로젝트를 통해 수집된 데이터를 분석 및 활용하는 데이터 플랫폼을 구축하는 것이다.

국민보고대회 연구진은 스마트 프라하가 비록 전 세계 주요 스마트 시티 플랫폼들에 비해 뛰어난 성과를 내지는 못했지만 대학, 기업, 지자체가 연계해 시민들의 능력을 증강하는 것에 스마트 시티의 목표를 둔 것은 이데아 시티에 시사하는 바가 크다고 생각한다. 전 세계 어떤 스마트 시티 모델들도 이처럼 인간의 능력을 새롭게 업그레이드하기 위해 도시 전체를 설계하지는 않았기 때문이다.

스마트 프라하의 사례처럼 인간을 인간으로서 새롭게 자리매김하겠다는 목표를 가지고 에콜42, 미네르바스쿨, 팹랩 등의 실험들을 이데아 시티에 담아낸다면 어떨까?

병들지 않는
도시

블록체인이 의료 서비스와 연계된다면?

 평소에 다니던 병원이 아닌 다른 병원에 가서 진료를 받을 경우 이전 병원에서 이미 받은 검사를 반복했던 적이 있을 것이다. 검사 결과를 출력해 원본대조필 도장을 받아가도 의사는 재검사를 요구한다. 같은 검사가 반복되면서 환자는 비용을 두 배로 내고 병원에 대한 불신, 건강에 대한 우려 등을 경험한다.

 한국만의 일이 아니다. 미국 보스턴에서 사용되는 전자 의료기록시스템은 26가지에 달한다. 환자 1인에 대한 중요한 건강 정보들이 여러 기관에 퍼져 있고 필요한 상황에서 정보 접근이 제한된다. 막대한 비용은 물론 환자 생명을 위협하기도 한다.

"프리뭄 논 노체레Primum non nocere."

히포크라테스 선서에 나오는 말로 "무엇보다도 해를 입히지 말라"는 뜻인데 앞의 사례는 이 조항의 명백한 위반이다.

블록체인은 의료 분야에서 이러한 문제들에 대한 해결책을 제시한다. 블록체인을 이용하면 의료기록을 안전하게 공유하고, 해커로부터 기록을 보호하고, 환자가 자신의 정보를 보다 잘 제어할 수 있다. 의사가 기록한 환자에 대한 모든 정보는 암호화된 데이터베이스에 기록되고, 어떤 의료 시스템을 사용하든 호환성 문제 없이 사용할 수 있다. 실제로 MIT 미디어랩은 이더리움에 기반을 둔 헬스케어 블록체인 프로토타입인 메드렉MedRec을 만들며 이러한 실험에 나섰다.

국내 스타트업인 메디블록도 의료 정보 시스템의 문제를 블록체인으로 해결하기 위해 발 빠르게 나섰다. 메디블록의 목표는 블록체인을 활용해 의료 소비자 중심의 통합 의료 정보 시스템을 구축하는 것이다. 이은솔 메디블록 공동대표는 이렇게 말했다.

"현재 병원에서 의료 정보의 사용이나 불필요한 검사 등 모든 게 강제되는데 이러한 권한을 개인 레벨에 넘기자는 것이다. 지금은 병원이 하나의 플랫폼이지만 신뢰성과 투명성을 갖춘 개인 건강기록 플랫폼을 활용해 개인이 하나의 플랫폼이 될 수 있다."

이는 의료 정보의 민주화다. 개인 건강보고서, 자동 보험청구, 데이터 기근에 시달리는 임상 연구, 원격의료 등 활용처는 무궁무진하다.

다만 의료 산업에 블록체인을 도입할 경우 나타날 거버넌스나 제도적 고민이 우선 필요하다. 오상윤 보건복지부 의료정책과장은 "새로운 기술이 개발돼 도입이 될때 양면적인 측면이 충돌한다. 원격의료 사업의 경우 멀리 떨어진 환자와 의사 간에 커뮤니케이션하는 가치중립적 기술이지만 거버넌스와 이해관계 등 여러 요인이 결합되면서 의료민영화 논란을 불러일으켰다"고 설명했다.

스마트 시티 시대를 앞둔 상황에서 이런 논의가 시작돼야 한다. 사회적 갈등 조정에서 어려움이 예상된다면 쉬운 것부터 시작하면 된다. 김주한 서울대 의대 의료정보학 교수는 혈액형, 예방접종 기록 등 외부에 공개하는 데 문제가 없는 개인 정보부터 논의를 시작하자고 제안하는데 "사회적 갈등이 큰 부분부터 건드리면 시작도 할 수 없다. 마약류 관리 체계 강화 등 공공성이 강해 사회적 명분이 있는 분야부터 시작해야 한다"고 말했다. 이은솔 CEO는 "스마트 시티는 모든 게 투명하게 돌아가는 사회라 생각한다. 메디블록 플랫폼을 누구나 원하면 언제든지 쓸 수 있게 하도록 하는 게 목표"라고 말했다.

이데아 시티는 이런 의료관련 정보 거버넌스를 새롭게 실험할 수 있는 장이다. 이데아 시티는 백지 상태에서 시작하기 때문에 누구나 처음에 참여할 때 자신의 의료 정보를 공개할지 선택할 수 있다. 또 기득권을 가진 의료기관이나 병원이 없기 때문에 과거 세대가 아닌 오로지 미래 세대를 위해 의료 정보 관련 거버넌스 체제를 정비할 수 있다.

핀란드의 스마트 의료혁명, FinnGen 프로젝트

인구 550만 명의 국가 핀란드는 러시아와 스웨덴이라는 열강 속에 끼어서 생존을 위한 혁신이 몸에 배었다. 스타트업의 천국이라 불리며 세계 1위 노동생산성을 기록하는 이유도 여기에 있다. 이런 핀란드는 최근 헬스케어 분야의 신흥 강자로 무섭게 떠올랐다.

남들이 생산할 수 없는 귀중한 데이터를 손에 쥐고 글로벌 제약 회사들을 끌어들인 게 비결이었다. 550만 인구의 10%에 육박하는 50만 국민의 유전자 정보와 의료기록을 데이터베이스화해 제약 회사에 제공한다는 계획이다. 나중에는 핀란드 국민 전체의 유전자 정보와 의료기록을 모아서 개개인에 맞는 맞춤형 의료 서비스를 제공하고, 메디컬 기업들은 이를 통해 기술혁신을 이뤄내 윈윈하겠다는 복안이다. 이것이 바로 핀란드 정부가 야심차게 진행 중인 FinnGen 프로젝트다.

2017년 1월 말 서울에서 국민보고대회 연구진과 만난 노라 카렐라 핀란드무역대표부 헬스 부문 책임자는 이렇게 말했다.

"이미 25만 명의 유전자 정보와 모든 의료기록이 디지털화되었다. 단일민족으로 구성된 핀란드에서 앞으로 25만 명의 샘플을 더 모아 50만 개 샘플이 갖춰지면 통계적으로 전 국민 수준의 정보로 볼 수 있다. 이런 정보를 통해 혁신적인 실험과 의학적 개발이 가능하다."

이미 핀란드는 전국적으로 8개의 바이오뱅크를 운영 중인데 여기에는 자발적으로 기증한 국민들의 유전자 정보가 저장되어 있다. 또 전 세계에서 전자상거래를 가장 먼저 도입한 국가답게 1960년대 의료기록들이 상당수 디지털로 보관된다. 이런 데이터가 합쳐지면 특정 질병에서 유전자가 얼마나 중요한 영향을 미치는지, 특정 유전병이 어떤 식으로 전이 및 심화되는지 등의 역학조사가 가능해진다. 제약 회사의 입장에서는 적확한 유전자 정보와 병력을 가진 사람들에게 임상실험을 진행할 수 있어 신약 개발 기간을 획기적으로 줄일 수 있다. 데이터가 곧 돈이 되는 지식 산업혁명이 헬스케어 분야에 적용된 사례다.

핀란드 정부가 궁극적으로 꿈꾸는 FinnGen 프로젝트의 목표는 국민들에게 개인 맞춤형 진료를 제공하는 것이다. 이미 핀란드는 완벽에 가까운 공공의료 서비스를 시행한다. 공공복지를 넘어서서 환자에게 맞는 치료를 해주고, 정부나 제약 회사도 불특정 다수를 위한 의료 서비스를 줄이는 윈윈 구조를 만들자는 것이다. 핀란드 정부는 FinnGen 프로젝트에 1차적으로 5,900만 유로(약 780억 원)의 연구비가 들어갈 것으로 예상한다. 핀란드 정부가 2,000만 유로(약 260억 원)를 대고, 나머지는 글로벌 제약 회사 7곳이 나눠 낸다. 화이자, 로슈 등 콧대 높은 글로벌 제약 회사 7곳이 한 프로젝트에 동시 참여한 것은 이번이 처음이다.

이 대목에서 의아한 것은 정부가 개인의 유전자 정보와 의료기록을 한데 모아서 다른 기업에 연구용으로 제공하는데 국민들이 반발하지 않았냐는 것이다. 심지어 주치의를 통해 제약 회사가 개발한 신약을 해당 환자에게 직접 권유할 수 있는 경로도 허용했다. 카렐라 책임자는 이처럼 핀란드가 혁신적으로 움직일 수 있는 이유로 '신뢰'를 강조했다. 실제 핀란드는 매년 국가 청렴도 최상위권을 기록하는 등 국가와 기업, 사회에 대한 국민의 신뢰가 매우 높다.

이런 탄탄한 사회적 신뢰는 핀란드의 '마이데이터my data' 프로젝트로 이어졌다. 마이데이터 프로젝트는 데이터 소유권을 기업에서 개인으로 옮기는 작업이다. 대부분의 국가에선 페이스북이나 구글 같은 기업이 데이터를 가진다. 반면 마이데이터는 사용자가 직접 자신의 데이터를 보유하고 이 데이터를 기업에 제공할지에 대한 선택권을 가진다. 현재는 헬스케어(개인의 건강 데이터)를 중심으로 상용화를 진행 중이며 교통, 여행 등 모든 산업에 걸쳐 확산될 예정이다.

이미 다가온 인공지능 의사 시대

핀란드처럼 개인들의 의료 데이터가 공개, 공유되는 스마트 시티에서는 시민들의 건강관리도 스마트하게 이뤄질 수 있다. 먼저 인공지능 의사 시대가 본격적으로 열린다. 한국의 스타트업인 딥바이오는 인공지능으로 전립선암을 진단하는 기술을 개발 중이다. 엑스레이, CT 등도 있지만 이 기업은 전립선에서 추출한 조직의 현미경 사진을 인공지능으로 판독하는 기술을 쓴다. 컴퓨터로 이미지를 읽은 다음 조직 패턴과 세포 모양 등을 인공지능으로 판단해 암 진단 오류를 줄인다. 기존에는 엑스레이 등으로 촬영한 사진은 진단을 위한 참고자료는 될 수 있지만 확진을 위해서는 조직검사를 해야만 한다. 이 때문에 딥바이오 솔루션을 활용하면 의사들이 암을 최종 확진할 때보다 직접적으로 도움을 줄 수 있다.

김선우 딥바이오 CEO는 "혹시 모를 의사들의 진단 오류를 줄일 수 있고, 의사마다 다른 경험의 차이를 좁힐 것이다. 치료 이후 환자들 예후를 관찰하고 예측하는 데도 활용될 수 있다"고 말했다. 국내 전립선암 진단 시장은 크지 않지만 세계로 눈을 돌릴 경우 얘기가 달라진다. 미국 등 해외 시장의 경우 조직검사를 할 수 있는 병리학 전공의가 많지 않기 때문이다.

또 다른 스타트업인 뷰노는 인공지능 솔루션을 통해 의사들이 보다 효율적으로 환자를 볼 수 있도록 돕는다. 뷰노가 심장 전문병원인 세종병원과 개발한 심정지 예측 솔루션은 환자의 혈압, 맥박 등을 체크해 최대 24시간 전에 심정지를 예측한다. 현대아산병원과 공동 연구를 통해 딥러닝 기술을 활용한 폐질환 조기 진단 기술도 확보했다. '뷰노메드'라는 솔루션을 통해 CT, MRI 등 의료 영상 데이터를 컴퓨터가 학습해 폐질환 여부를 판단한다. 컴퓨터가 수많은 데이터 속에서 동일한 패턴을 발견해 이를 토대로 결정을 내리는 방식이다.

영상진단 솔루션 기업인 루닛은 삼성서울병원과 손잡고 인공지능 기반 진단보조 시스템을 구축할 예정이다. 이 시스템을 이용하면 임상 의사결정을 최적화하고 질환별 예측 모델을 확보할 수 있다. 삼성서울병원은 루닛이 제공하는 의료영상 처리 및 분석 인공지능 알고리즘을 기반으로 유방암, 대장암 등 인공지능 연구를 추진할 계획이다.

의료의 패러다임도 치료에서 예방 중심으로 바뀐다. 유전체 검사가 일반화되면서 개개인은 보다 최적화된 건강관리 서비스를 받을 수 있을 것이다. 운동 유전체를 분석해 건강을 지키기 위해서 주 몇 회, 하루 몇 시간 운동을 하는 게 좋은지 알 수 있다. 남들과 똑같은 종합비타민을 먹지 않고 본인에게 필요한 영양소를 골라 먹는 게 가능해지며, 탈모나 두피 건강도 예측이 가능하다.

국내 유전체 검사 시장이 각종 규제에 묶인 반면 중국은 이미 300개 이상의 유전체 검사를 할 정도로 자유롭다. 일본의 경우 유전체 검사 광고를 방송과 신문에서 쉽게 찾을 수 있고 약 740개 업체가 성행 중이다. 한국의 헬스케어 기업인 메디젠휴먼케어는 이런 유전체 검사를 해외에 수출하는 기업이다. 메디젠휴먼케어의 신동직 CEO는 이렇게 말했다.

"정밀의료는 의료 정보와 문진 정보, 유전자 정보를 하나로 통합한 빅데이터를 가지고 향후 발생할 수 있는 질병에 대한 예방책을 제시하는 것이다. 중국에선 수년 전부터 유전체 검사가 확산되고 이미 그 다음 산업까지 준비 중이다. 유전체 검사에서 끝나지 않고 피부관리, 복약관리 등 2차, 3차 산업으로 이어지면서 거대한 시장을 만들어간다."

빅데이터로 인간의 수명을 연장시키는 JVM

기존 헬스케어 기업도 이데아 시티에서 수집된 데이터를 기반으로 인간 수명 연장의 꿈을 위해 많은 기여를 할 수 있다. 국민보고대회 연구진이 취재한 사례 중 하나는 의약품 조제 및 관리 자동화 시스템 기업인 JVM이다. 2016년에 한미약품이 인수한 이 기업은 40여 년간 쌓은 기술력을 바탕으로 현재 출원 진행 및 등록된 국내외 특허 건수가 883건에 이른다. 매출 중 수출 비중이 약 40% 이상이며, 현재 한국과 미국, 유럽 지역에서는 시장점유율 1위를 기록 중이다.

JVM이 세계 최초로 개발한 전자동 약품관리 시스템인 인티팜INTIPharm을 보면 거대한 자판기와 다를 게 없어 보인다. 하지만 전자동 약품관리 시스템 등장이 시사하는 바는 크다. 약의 종류가 많으니 비슷하게 생긴 약의 경우 전문가도 헷갈리는 경우가 있다. 잘 드러나지 않을 뿐 오투약 사례가 비일비재하게 발생한다는 것은 공공연한 비밀이다. 보건복지부에 따르면 환자안전법 시행 이후 2016년 7월 29일부터 9월 30일까지 수집된 의료기관의 환자 안전사고 자율보고 사례 3,060건 중에서 약물 오류는 857건(28%)으로 두 번째로 많은 유형이다. 약물 오류를 유형별로 보면 처방 오류(43.8%, 375건), 투약 오류(34.2%, 293건), 조제 오류(20.1%, 172건) 순이다. 자율적으로 보고하지 않는 경우까지 감안한다면 이 숫자가 어디까지 커질진 정확히 알 수 없다.

약물 오류 관련 사례

구분	건수(%)	세부 내역
처방 오류	375(43.8)	용량 오류, 중복 처방, 횟수 및 일수 오류 등
투약 오류	293(34.2)	주사액 노출, 환자 오인, 용량 오류 등
조제 오류	172(20.1)	다른 약품 조제, 용량 오류 등
기타	17(2.0)	의약품 부작용, 약품 보관 오류 등
합계	857(100.0)	

출처: 보건복지부

기계의 힘을 빌린다면 오투약율을 0%로 낮추고 투약 시간도 단축할 수 있다. 약품의 실시간 추적관리도 가능해져 병원과 약국의 업무 효율성과 안전성도 높아진다. 약물 관련 오류가 사라진다면 잠재적 피해자들이 받을 고통 또한 사라진다. 또한 투약과 보살핌을 필요로 하는 환자와 노인의 수가 꾸준히 늘어나는 상황에서 기존에 약사가 하던 일을 기계가 한다면 약사는 단순 작업에서 벗어나 환자들을 보살피는 '케어'에 더 집중할 수 있다. 수명의 양보다 질이 더 중요한 시대에 의료 시스템이 잘 갖춰진 스마트 시티의 구성원들의 평균수명과 건강수명은 크게 늘어날 것이다.

다만 신기술과 신제품을 따라가지 못하는 규제는 시급히 개선해야 한다. 예를 들어 '마약류관리에 관한 법률'에 따르면 마약류를 보관할 때 이중으로 잠금장치가 된 철제 금고를 사용하도록 한다. 그러나 병원 여건상 그냥 열어두고 쓰는 병원마저 있는 게 현실이고 병원 관리자가 몰래 가져가도 증거가 안 남으니 책임을 묻기 어렵다. 기술적으로는 지정맥 인식을 통해 처방받은 약만 꺼낼 수 있고 접근권한의 설정 및 접근 기록 확인까지 가능하지만 낡은 법규가 족쇄가 돼 활용되지 못하고 있다. 이런 법들이 현재 도처에 깔려 있다. 스마트 시티는 이런 헬스케어 분야의 낡은 규제를 깰 수 있는 기회다.

규제 혁파와 함께 헬스케어 설비에 대한 투자도 선행돼야 한다는 지적이다. 이에 대해 김선경 JVM 부사장은 이렇게 말했다.

"국내 헬스케어 투자가 서비스 분야에 집중된 게 문제이며, 제조와 개발 방면에도 투자가 필요하다. 눈에 보이는 서비스에만 투자하고 단가가 비싸고 해외 글로벌 기업의 설비를 수입해 쓰는 구조가 고착화되면 국가적 손실로 이어질 수 있다."

이데아 시티로
가능해질 미래 ②

이데아 시티는 고효율 도시, 지속 가능성이 높은 도시를 추구한다. 에너지를 적게 쓰고, 정형화된 공간 활용이 더욱 자유로워진다. 달리는 차 안, 거주공간이 사무실이 되고, 서로 다른 업체가 공간을 공유하면서 네트워크를 형성하도록 도시가 바뀐다.

지구를
사랑하는 도시

도시의 지속 가능성을 2배 높여라, 하마비 허스타드

스웨덴 수도 스톡홀름 남쪽에 있는 도시인 하마비 허스타드는 도시 설계부터 친환경 첨단기술을 대거 도입한 도시다. 시속 70km의 속도로 쓰레기를 흡입해 수거하는 진공파이프 쓰레기 분류 시스템, 생활폐수와 오물에서 생체가스를 채집하는 기술 등이 인구 3만 도시 전체에 설치됐다. 지속 가능해야 한다는 가치 중심 도시인 셈이다. 이 같은 첨단기술이 단순한 보여주기에 그치지 않고 실제 성과를 낸다는 점이 하마비 허스타드의 자랑이다.

스웨덴 컨설팅 업체인 그룬트뮈의 2008년 연구에 따르면 하마비 허스타드 주민의 1인당 온실가스 배출량, 비재생에너지 사용 비율은 다른

　　　　　　　　　　　　이데아 시티: 대한민국 미래 도시전략

스웨덴 스톡홀름 남쪽의 친환경 도시인
하마비 허스타드

지역의 60~70% 수준인 것으로 나타났다. 물 사용량, 토양 산성화, 오존 배출량 등 다른 환경지표에서도 비슷한 성과가 집계됐다. 하마비 허스 타드의 성공사례를 홍보하기 위해 2002년 도시 중앙에 세워진 환경정 보센터는 이명박 전 대통령, 시진핑 주석, 게오르기 퍼르바노프 전 불가 리아 대통령 등을 비롯한 전 세계의 사절단이 다녀간 명소가 됐다.

에너지자원 사용량이 30~40% 줄어든 만큼 하마비 허스타드 주민들 의 생활이 불편할 것이라 생각할 수도 있다. 그러나 이 같은 기술이 삶에 끼치는 영향이 미미한 탓에 현지인들은 친환경 도시라는 타이틀을 잘 떠올리지 못할 정도다.

국민보고대회 연구진이 만난 하마비 허스타드 시민인 리에나트 샌드

크비스트는 이렇게 말했다.

"쓰레기 분리수거할 때를 제외하면 친환경 기술이 적용됐다는 것을 살면서 느낄 일이 없다. 냉난방 비용도 다른 지역에 살 때와 다를 바 없다."

참고로 스웨덴의 분리수거 참여율은 6~7%로 낮지만, 하마비 허스타드는 대부분의 주민들이 분리수거에 참여한다.

부동산 업체에서 일한다는 미카엘라 누드스트룀은 하마비 허스타드의 장점에 대해 이렇게 말했다.

"이 지역의 가장 큰 매력은 스톡홀름 중심부와 가깝다는 것이고, 걸어갈 수 있는 거리에 산과 강변이 있으며 신식주택이 몰린 것이다."

그리고 그에게 도시의 친환경 기술에 대해 어떻게 생각하는지를 묻자 비로소 떠올랐다는 표정으로 주민들이 긍정적으로 생각하기는 하지만, 큰 의미를 두지는 않는다고 덧붙였다.

결국 기술의 힘만으로 환경오염과 자원 소모를 30~40%가량 줄인 셈인데, 더욱 놀라운 것은 도시에 기술을 추가하는 비용이 그리 크지 않았다는 점이다. 도시가 완성된 후 건설 비용을 조사한 결과 친환경 기술을 도입하지 않았을 경우와 비교해 2~4% 높은 데 그쳤다. 수도권의 매력적인 입지 조건을 보고 참여한 부동산 개발 업체가 자본을 대거 투입한 덕에 4조 5,000억 유로(약 6,000조 원)의 개발 비용 중 정부가 부담한 것은 3,000억 유로(약 400조 원)에 불과하다. 다만 도시 대지는 모두 정부 소유였다.

물론 도시를 설계하던 1990년대에는 이 같은 결과를 아무도 예측하지 못했다. 시공 업체들은 건설 비용이 20%는 늘어날 것이라며 기술 도입에 반발하기도 했다. 그럼에도 하마비 허스타드 계획이 성공할 수 있었던 비결은 스웨덴 정부의 강력한 의지였다. 그런데 그 의지가 환경보호라는 순수한 목적에서 나온 게 아니라는 점이 흥미롭다. 이에 대한 하마비 허스타드의 환경정보센터장인 에릭 프루덴탈의 설명이다.

　"당시 스웨덴 정치권은 2004년 올림픽을 유치하는 데 혈안이 되어 있었다. 시드니가 친환경 도시임을 내세우며 2000년 올림픽을 유치한 것을 본 후 하마비 허스타드 계획은 절대 포기할 수 없는 일이 됐다. 정부가 시공사들의 반발을 묵살하고 계획을 강행한 덕에 하마비 허스타드는 전 세계적인 성공사례가 됐다."

　스웨덴 정부는 하마비 허스타드에서 쌓은 경험과 20년간의 기술 진보를 더해 스톡홀름 북부 로열 시포트에 새로운 친환경도시 조성에 나섰다. 2030년 완공을 목표로 한 이 단지는 하마비 허스타드와 비슷한 2만 7,000명의 인구가 입주할 계획이다. 이 계획에 대해 프루덴탈 센터장은 이렇게 말했다.

　"하마비 허스타드 계획은 향후 다른 도시로 확장할 것을 대비해 설계부터 성과까지 모든 과정을 투명하고 상세하게 기록했다. 사실 하마비 허스타드도 에너지자원 소모량을 50%까지 줄이는 것이 원래 목표였지만 달성할 가능성은 높지 않다. 그러나 경험과 기술이 더해진 로열 시포트에서는 50%를 넘어 더 큰 목표를 달성할 것이라 믿는다."

하마비 허스타드의 확장은 스웨덴 국내에 그치지 않는다. 현지 컨설팅 업체인 스베코, AF, IVL 등은 하마비 허스타드의 경험을 살려 중국을 비롯한 세계 각지에서 친환경 도시 설계에 참여하고 있으며, 정부 산하기관인 비즈니스 스웨덴, 스마트 시티 스웨덴 등이 이를 적극 지원한다.

재난에서 인간을 구하는 스마트 레질리언스 시티

일본인은 신중하고 개인보다 집단을 중시하는 성향이 짙다고들 한다. 끊이지 않는 대규모 지진에서 살아남기 위한 민족적 특성이 아닐까 싶다. 레질리언스resilience(복원력)는 우리에겐 아직 낯선 개념이지만 일본에서 참 많이 들리는 단어다. 스마트 시티 분야에서도 일본은 에너지를 중심으로 한 재난에 대한 레질리언스에 힘을 모은다.

2011년 일본 중심부를 강타한 동일본지진 이후 일본 정부는 에너지 중심 스마트 시티를 내세우면서 에너지 레질리언스 개념도 도입했다. 건물의 내진설계를 강화하는 것은 물론 전기와 수도, 교통 인프라를 확충해 72시간 생존을 위한 종합적인 대책을 마련하기 시작했다. 여기서 72시간은 끊어진 전력 체계가 비축유를 통해 복원되기까지 걸리는 시간이다.

실제로 도쿄는 동일본지진 당시 건물 자체가 무너져서 입은 피해보다 귀가 대란으로 인한 도시 마비 피해가 극심했다. 교통과 전력이 마비되어도 근처 대형 빌딩이나 공공시설에서 72시간을 버티기 위한 실용적 정책들이 나오기 시작한 것이다. 곳곳에 촘촘하게 피난 거점을 만들고 난민을 수용할 수 있는 공간과 필수품을 구비하게 했다. 일정 규모 이상의 빌딩에는 자체 발전기나 축전지를 뒀고, 상하수도 문제를 해결하기 위한 급수탱크도 요구했다. 정부는 이런 조건을 따르면 용적률을 풀어주는 인센티브도 제공했다.

스마트 시티를 내다보는 최근에는 재난에 대한 레질리언스를 개별 빌딩이 아닌 지역 커뮤니티로 확장했다. 재난이 일어날 경우 충분한 에너지를 생산 및 보유한 빌딩을 피난 거점으로 삼아 사람들이 모여들고, 이 빌딩이 주변 핵심시설에 전력을 공급하는 모델이다. 이른바 BCPBusiness Continuity Planning(업무 연속성 계획)를 넘어서는 CCPCommunity Continuity Planning(커뮤니티 연속성 계획)가 도입된 것이다.

앞에서 언급했던 일본의 스마트 시티인 카시와노하는 CCP 모델이 처음 적용된 지역이다. 이 지역을 개발한 미쓰이부동산이 운영하는 라라포트라는 대형상가 지하에는 대형 발전기와 축전지가 있다. 비상시 여기서 생산되는 전기는 주변의 주거시설에 공급된다. 한 지역이 같이 살아남을 수 있는 방파제 역할을 라라포트가 맡은 셈이다.

카시와노하의 지역운영 자치기구를 맡은 히로야 미마키 UDCK 부소장은 〈매일경제〉와의 인터뷰에서 이렇게 말했다.

"중앙관제실에서 각 빌딩의 모든 발전량과 사용량을 실시간으로 모니터링하면서 비상시 전력과 에너지를 공유할 수 있는 시스템을 갖췄다. 지진 등 재난 발생 시 피난 거점으로 쓰일 호텔과 주거시설, 상가와 도쿄대 일부 건물에 평소 사용량의 60% 전력을 사흘 동안 공급할 수 있다. 평상시에도 피크타임이 다른 오피스와 대형상가가 서로 전력을 공급하면서 전기료를 낮출 수 있다."

스마트 빌딩끼리 전력을 생산해 공급하는 구조는 도쿄전력 같은 기존 전력 회사에 위협으로 받아들여질 수 있지만 일본 정부는 기득권을 깨는 규제 혁파에 나섰다. 지속 가능성이 뒷받침돼야 하는 스마트 시티 건설에서 비상시에 지역이 함께 살아갈 수 있는 레질리언스 획득을 위해 일본의 사례를 반추해야 하는 이유다.

일본에서는 오피스텔은 물론 주택 시장에서도 '레질리언스 프리미엄'이 있다. 자체 발전소나 축전지를 설치하지 않아도 되는 소형 빌딩이나 아파트도 스스로 살아남기 위한 전력 생산설비를 구축하는 경우가 많은데, 이는 분양가나 임대료에 직결되기 때문이다. 재난 발생 시 얼마나 안전하게 버틸 수 있느냐가 소비자의 지갑을 여는 데 상당히 중요한 요소라는 점이다.

특히 데이터 유지와 보안이 생명인 IT 서비스 업체들은 레질리언스 스마트 빌딩에 대한 수요가 상당히 높다는 후문이다. 첨단 IT 기업들이 주인공으로 끌고 가야 할 이데아 시티에서 스마트 레질리언스 시스템이 얼마나 중요한지 일깨우는 대목이다.

일본 최대의 건축설계사무소인 니켄설계는 최근 스마트 시티 연구를 위해 본격적인 인공지능 투자에 나섰다. 국민보고대회 연구진과 만난 신지 야마무라 니켄 이사는 이렇게 말했다.

국민보고대회 연구진과 인터뷰 중인 신지 야마무라 니켄설계 이사

"당장 큰 금액은 아니지만 니켄도 인공지능 연구를 시작했다. 개별 건축설계 회사가 이런 연구에 돈을 쓰는 건 드문 사례다. 소프트뱅크와 빅데이터, 인공지능 관련 업무연계를 맺고 기존 설계기술과 첨단기술을 융합하기 위해 노력한다. 레질리언스 기능을 개선하기 위한 시뮬레이션에도 빅데이터와 디지털 트윈 기술이 의미 있을 것이다."

서울 노원구의 에너지 제로 주택, 이지하우스

한국에서도 국토교통부 주도하에 2025년까지 에너지 제로 주택을 실현하기 위한 작업이 한창이다. 그 첫걸음인 노원구 에너지 제로 주택인 이지하우스EZ house에 2017년 11월에 121세대가 입주했는데, 2016~2017년 모의 주택을 활용한 실험에서 일반 주택 대비 난방에너지는 96.9%, 냉방에너지는 15%나 절감한 것으로 나타났다.

이지하우스의 최대 장점은 패시브Passive 단열 기술을 통해 적은 에너지를 투입하고도 높은 효율을 볼 수 있다는 점이다. 패시브 기술은 기존 건축물과 반대로 콘크리트 바깥에 단열재를 설치하고 고기밀 구조, 로이 3중 유리, 외부 블라인드 등을 사용해 단열 기능을 극대화하는 기술이다. 이를 통해 에너지 요구량의 약 61%를 절감할 수 있으며, 최적의 제어 설비 등 고효율 설비 활용으로 약 13% 에너지를 추가로 줄였다.

이지하우스는 에너지 소요를 줄이는 동시에 태양광 및 지열을 통한 에너지 공급도 최적화했다. 단지 내에 태양광 전지판, 지열 히트펌프 등이 설치되었으며, 특히 태양광발전을 통해 생산된 전기는 세대별로 계산돼 한국전력에 마일리지처럼 적립된다. 개인 태양광과 달리 단지 전체가 에너지 절감 시스템화가 되니 여름에 쓰고 남은 전기를 겨울에 가져다 쓸 수 있다. 결과적으로 전체 단지 내 필수 에너지 사용량의 60%를 태양광과 지열 등 신재생에너지를 통해 충당한다. 결과적으로 약 7%의 잉여 에너지가 발생해 입주민은 화석연료 사용 없이 난방, 냉방, 급탕, 조명, 환기 등 기본적인 주거 활동이 가능하다.

문제는 이지하우스 개발에 사용된 기술을 광범위하게 확장시키는 것이 아직 어렵다는 것이다. 493억 원(일반건축비 252억 원, 국토교통부 R&D 정부출연금 180억 원, 기업부담금 61억 원)이 투입된 이지하우스는 일반 주택에 비해 건축비가 30%가량 높았다. 또한 기술연구 단계부터 함께한 KCC를 제외하면 다른 건설 기업들의 시공이 쉽지 않고, 열효율을 높이기 위해 쓰인 일부 원자재를 대량으로 확보하기 어-려운 점이 숙제다.

국토교통부는 2017년 패시브 설계 의무화, 2020년 소형 공공 건축물 제로 에너지 의무화, 2025년 모든 신축 건축물 제로 에너지 의무화라는 국가 로드맵을 제시했다. 이지하우스 개발에는 서울, 노원구, 명지대 산학협력단(명지대, KCC, 서울주택도시공사)이 참여했다. 2018년 1월에는 이지하우스의 홍보관인 노원 EZ센터가 개관했다. 이 센터는 입주민이 아닌 사람들도 이지하우스를 체험할 수 있도록 이지체험주택을 운영하며, 이지하우스 건축자재, 적용 기술 및 에너지 절감 효과를 직접 보고 체험할 수 있도록 다양한 콘텐츠를 갖추었다.

전남 해남의 친환경에너지 자립도시, 솔라시도

서울 노원구의 이지하우스가 주택 단위 에너지 자립형 모델이라면 전라남도 해남에 조성 중인 '솔라시도'는 이를 도시 단위로 확장하려는 시도다. 솔라시도는 재생에너지만을 사용하는 완전한 탄소 '제로' 친환경

에너지 자립도시를 주요 콘셉트로 내세운다.

솔라시도는 에너지 자립도시를 만들기 위해 도시 내 모든 건축물을 이지하우스와 유사한 패시브 건물로 설계한다. 또한 165만 m²(50만 평) 규모 대지에 국내 최대 규모인 100mW급 태양광발전소를 짓는다. 생산된 에너지를 담을 에너지저장장치ESS도 255MWh급으로 설치한다.

솔라시도의 사업 주체인 서남해안기업도시㈜는 2017년 12월 전기사업 허가 절차를 완료했다. 솔라시도 ESS를 통한 전력 생산량은 연간 13만 8,408MWh인데 이 중 8만 3,044MWh가 ESS에 충전된다. 전력 사용량이 적은 오전 10시부터 오후 4시까지 생산되는 전기를 비축하는 시스템이다. ESS에 충전되는 전력량이 많을수록 발전의 효율은 높아진다. 서남해안기업도시㈜는 이렇게 태양광을 통해 생산 및 비축한 전력으로 약 5만 가구가 전기를 사용할 수 있을 것으로 추산하고 있다.

대형 태양광발전 단지 외에 각 가정의 지붕, 옥상 등의 유휴면적도 신재생에너지 생산에 적극 활용될 예정이다. 사용자와의 협의하에 태양광 패널 및 ESS를 추가로 설치해 필요한 전력을 충당하면서 전력이 남는 경우 이를 되팔아 주민에게 수익을 배분하는 구조를 검토 중이다.

솔라시도는 최첨단 IT기술을 활용한 스마트그리드를 도시 전체에 도입함으로써 에너지 사용 측면에서의 효율도 극대화한다. 가정 단위 마이크로그리드를 도입해 전력 수요를 실시간 모니터링하고 모니터링된 전력 사용량 빅데이터를 토대로 전력이 남는 곳과 부족한 곳을 짝지어

전력을 거래할 수 있도록 함으로써 수급 불일치를 해결한다. 이 같은 스마트그리드 시스템 도입을 위해 한국전력과 함께 ICT 기술이 접목된 스마트미터기, 전력계통운영시스템EMS 등을 각 가정과 사무실에 보급할 예정이다.

솔라시도는 재생에너지 기반 충전 인프라를 확보해 운송 부문에서도 탄소 '제로'를 구현한다. 도시 입구에 환승센터를 설치해 도시 내에서는 전기차만 운행이 가능하도록 한다. 도시를 지나쳐 가는 차들을 위한 탄소차 통과도로도 배치해 광역 교통 흐름을 저해하지 않도록 한다. 특히 도시 내 모든 전기차 배터리를 ESS화해 전력 사용이 가장 높은 시간대에 전기차 배터리에 있는 전력을 공유하는 V2GVehicle To Grid 시스템 도입도 검토 중이다. 도시를 지나는 전기차의 배터리를 합쳐서 하나의 거대한 ESS를 만드는 셈이다. 이는 전력 수요가 급증하는 여름철 갑작스러운 블랙아웃 사고를 막을 수 있는 안전판이 될 수 있다.

수소에너지 · 자율주행 혁명을 일으킨 현대자동차

현대자동차가 평창동계올림픽 기간에 서울-평창 간 190km 고속도로를 4단계 자율주행으로 주파한 것은 이데아 시티 건설에서 중요한 의미를 던진다. 현대자동차가 국내 최장거리(190km), 최고속도(100~110km/h)

로 4단계 자율주행에 성공한 것이다. 전방 차량을 추월하고, 터널, 요금소, 나들목, 분기점에서도 운전자의 개입 없이 스스로 통과하는 기술을 구현했다.

또한 이 차량이 차세대 수소전기차라는 점에서 스마트에너지 관점에서도 진일보한 사건으로 평가된다. 세계 최초로 수소연료 상용차를 만들어냈던 현대자동차가 시판을 앞두고 선보인 작품이다. 울산, 광주를 제외한 다른 지자체에서는 아직 상업용 수소충전소가 보급되지 않아 본격적인 시장이 열리지 않았지만 기술적으로는 이미 수소전기차가 현실화됐다는 평가다. 주행 중 공해 배출이 전혀 없는 궁극의 친환경차인 수소전기차로 자율주행 기술을 선보인 것은 전 세계에서 이번이 처음이다.

5대의 자율주행차량은 경부고속도로 하행선 만남의광장 휴게소에서 출발해 신갈분기점을 거쳐 영동고속도로를 질주한 뒤 대관령나들목을 빠져나와 최종 목적지인 대관령요금소에 도착했다. 이 여정에서 이 차량들은 고속도로의 자연스러운 교통 흐름과 연계한 차선 유지 및 변경, 전방 차량 추월, 터널 7곳·요금소 2곳·나들목 1곳·분기점 1곳 통과 등을 선보였다. 앞차의 주행속도가 지나치게 느릴 때는 추월차로를 이용해 앞차를 앞질러 갔으며, 나들목과 분기점을 이용하기 위해 차선을 변경하기도 했다. 도로 폭이 좁아지는 요금소의 경우에도 하이패스 차로를 이용해 안전하게 빠져나갔다.

이번 자율주행에 투입된 수소전기차의 경우 2018년 3월 출시된 현대

자동차의 차세대 수소전기차를 기반으로 개발됐다. 차세대 수소전기차는 1회 충전주행거리 600km, 충전 시간 약 5분, 세계 최고 수준의 시스템 효율(60%)을 자랑한다.

자율주행차는 자동차가 ICT와 융합해 스마트 디바이스화된 첨단기술의 집합체다. 미래 스마트 시티에서 빠질 수 없는 주제다. 단순한 교통수단이었던 자동차가 개인화된 디지털공간, 로봇택배 서비스, 움직이는 사무실, 편안한 휴식공간으로 바뀌며 삶과 일의 방식마저 바꿀 수 있다. 차량 공유경제와 연결되며 차량 자체는 물론 도로와 주차장까지 획기적으로 줄여 에너지 소비 절감에도 큰 몫을 할 수 있다.

이를 통해 2015년 기준 한국 GDP 대비 2.13%인 총 33조 4,000억 원에 달하는 교통혼잡 비용도 줄어들 수 있으며, 연비 개선에 따라 에너지 절감 및 대기질 개선도 가능하다. 자동차 업계는 운전 습관에 의한 개인별 연비 차이가 20~40%에 이르며, 스마트크루즈컨트롤scc에 의한 고속도로 연비 개선 효과만 23~39%에 달하는 것으로 본다.

평창동계올림픽에서 보여준 현대자동차의 사례는 이미 국내외 자동차 메이커들이 사실상 자율주행차 시대를 열어갈 수 있는 기술력을 이미 갖췄다는 점에서 중요한 의미를 가진다. 자율주행차 시스템에서 가장 위험한 것은 사람이 운전하는 차량인데 이를 막아낼 수 있는 도로 인프라와 입법 체계가 필요하다. 운전자가 인간에서 차로 바뀌면서 생기는 다양한 법률적 문제와 보험 이슈도 해결해야 할 문제다. 안정성과 효율을 높이기 위해 대규모 자율주행존과 여기서 나온 빅데이터 수집 처리도 필수적이다.

이런 복잡한 고차방정식은 기존의 도시에서 실험적으로 단행되기 어렵다. 백지 상태에서의 중소형 스마트 시티가 나와야 하는 이유고, 가상 세계에서의 공론장과 테스트베드가 필요한 이유다.

"에너지를 나눠 쓰는
도시 커뮤니티 머지않았다."

미요시 카토
타이세이건설 에너지사업전략본부장

1873년 설립된 타이세이건설은 일본 4대 시공사 중 하나로 간사이·나리타·하네다국제공항이나 혼슈와 홋카이도를 잇는 세이칸터널 등 초대형 프로젝트를 건설하며 명성을 쌓았다. 타이세이건설은 최근 철근 결속이나 콘크리트 바닥 마무리 작업에 로봇을 도입하는 등 끊임없는 혁신을 꾀한다. 일본 4대 스마트 시티 프로젝트 중 하나인 요코하마 지역에서 지역에너지 운영 시스템AEMS 작업을 진행 중이다.

국민보고대회 연구진은 2018년 2월 도쿄 신주쿠의 타이세이건설 본사에서 미요시 카토 에너지사업전략본부장을 만나 스마트 시티와 에너지 커뮤니티에 대한 인터뷰를 진행했다. 그가 내건 키워드는 수소발전과 에너지 공유 시스템이다.

"타이세이는 오랫동안 제로 에너지 빌딩ZEB을 연구해왔는데 최근에는 개별의 빌딩을 넘어서 커뮤니티가 하나의 유기체처럼 에너지를 생산 및 공유하는 신개념의 지역에너지 관리 시스템AEMS에 집중 투자를 한다. 2011년 지진을 겪으면서 일본은 개별 빌딩이 아닌 하나의 커뮤니티가 지속 가능할 수 있는 모델을 만드는 데 주안점을 둔다."

미요시 본부장은 에너지 스마트 커뮤니티의 핵심으로 수소에너지를 만들 수 있는 SOFC Solid Oxide Fuel Cell(고체산화물연료전지) 기술을 꼽았다. 수소를 물로 변환하면서 나오는 에너지로 고효율의 열과 전기를 얻고, 남은 수소를 보관 및 이동하면서 획기적인 에너지 비축을 할 수 있다는 이유에서다.

"타이세이가 추진하는 연구 프로젝트에서 차세대 대형연료전지인 SOFC 기술이 핵심을 차지하는데, 현재는 소형버스 정도의 크기로 건물 지하나 옥상에 설치해 60~70가구 정도가 쓸 수 있는 에너지를 만든다. 이 설비를 더욱 고효율화하고 대형화해서 상업적으로 활용할 수 있다면 엄청난 에너지 혁명이 일어날 것이다."

일본 정부는 2017~2020년까지 수소연료전지와 수소충전소, 수소차 등을 현실화하고, 2020년 도쿄올림픽 이후 대형 수소발전소와 운반·공급 체계를 갖추겠다는 청사진을 그리고 있다. 현재 파일럿 프로젝트 단계인 SOFC는 도시가스로 수소를 만들어 산화시켜 물과 에너지를 얻는 방식이다. 미쓰비시, 히타치 등이 기술 개발을 하고, 타이세이건설은 시공과 운영을 맡는다.

"수소에너지는 신재생에너지 증대 정책의 한 가지 대안이다. 풍력, 태양광 등 신재생에너지가 고효율로 대규모 공급이 가능하다면 상관없지만, 신재생에너지 발전의 변동성이 워낙 크기 때문에 에너지를 수소로 변환해서 저장·운반하는 기술이 멋진 활용 방안이 될 수 있다."

카토 본부장은 또한 이렇게 덧붙였다.

"일본에서 아무리 건물을 많이 짓는다 해도 연간 건물 증가량은 기존 건물의 1%에도 미치지 못한다. 기존 도시에 에너지를 절감하고 공유하는 유기적인 스마트 커뮤니티 기능을 넣는 것은 쉽지 않은 과제지만 시공을 맡은 건설 기업 입장에서는 놓칠 수 없는 시장이다."

이데아 시티의 불을 밝힐 한국의 소형 원자로

이데아 시티가 현실 세계에서 구현될 때 어떤 에너지원을 도입하느냐는 상당히 중요한 문제다. 그러나 친환경과 지속 가능성 측면에서 신재생에너지를 최대한 적용해야 한다는 데는 이론의 여지가 없다. 다만 신재생에너지의 저효율과 고변동성을 감안할 때 신재생에너지로만 스마트 시티를 돌릴 수 없다는 것도 부인할 수 없는 사실이다. 친환경적이고 안정적이고 효율이 높은 에너지원으로서 원자력 발전을 배제할 수 없는 이유다.

특히 한국이 세계 최초로 개발한 소형 원자로는 중소형 스마트 시티를 운영하는 데 적합한 에너지원이다. 일체형·중소형·다목적의 특성을 가진 이 스마트 원전은 증기발생기, 가압기, 원자로 냉각재, 펌프 등

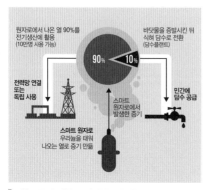

한국 독자 기술로 개발한 소형 원자로의 구조와
활용 가능성

한국·사우디 스마트 원전 협력 과정

2011년 11월	사우디 원자력·신재생에너지원 대표단 방한
2012년 5월	사우디 요청으로 스마트 원전 협력 방안 제시
2013년 2월	한·사우디 원자력 분야 협력 방안 논의
2013년 6월	스마트 시험시설 견학·타당성조사 합의
2015년 3월	한·사우디 스마트 공동파트너십 MOU 체결
2015년 9월	스마트 원전 건설 전 설계(PPE) 협약 체결
2016년 6월	사우디 인력 대상 교육훈련 착수
2018년 11월~	스마트 원전 PPE 완료·계약 체결 협상

원전에 필요한 주요 기기를 하나의 원자로 압력용기 안에 설치해 안정성을 획기적으로 개선했다.

110mW 용량의 이 스마트 원전은 사우디아라비아 수출을 목전에 두었다. 사우디에 스마트 원전을 짓기 위한 사전 검토 및 분석 작업인 '건설 전 설계PPE'가 2018년 11월 마무리될 예정이다. 정부도 원전 신설 정책에는 반대하면서도 원전 수출과 소형 원전 개발은 적극적으로 지원하겠다는 입장이다.

대전에 있는 한국원자력연구원에서는 사우디아라비아 엔지니어 41명이 차가운 겨울 속에서도 한국과의 공동 연구 작업에 열심이었다. 사우디는 원전을 국가개조 프로그램의 일환으로 강력하게 밀어붙이는 중이다. 순수 한국 기술의 스마트 원전 2기를 20억 달러(약 2조 1,000억 원)에 도입하고, 한국과 손을 잡고 요르단에 수출하기로 했다.

신고리원전 같은 대형 원전의 규모는 1,400mW 정도지만, 이를 1/10 정도인 100mW급으로 줄인 게 소형 원전이다. 110mW 용량으로 인구 10만 도시에 에너지와 물을 댈 수 있다. 폐열에너지를 열에너지로 교환하면서 사막 지역에는 담수를, 일반 지역에서는 온수를 제공할 수 있다.

김긍구 한국원자력연구원 SMART개발사업단장은 미래 도시에서 원전의 역할에 대해 이렇게 말했다.

"첨단 ICT 플랫폼 위에 세워지는 스마트 시티는 기본적으로 엄청난 에너지를 써야 하는 구조인데 효율이 낮고 변동성이 큰 신재생에너지만으로 도시를 돌릴 수 있다는 생각은 버려야 한다. 결국 신재생에너지와 보조를 맞추는 안정적인 에너지원이 필요한데 현실적으로 가스와 원자력뿐이다. 가스 발전이 과연 지속 가능한 친환경에너지인지 생각해보면 원전의 중요성이 보일 것이다. 공학자로서 100% 라는 것은 가능하지 않지만 99.999% 안전한 신형 대형 원전보다 스마트 원전이 10배는 더 안전하다. 스마트 원전은 아직 상업적으로 지어진 적이 없어서 대형 원전에 비해 가성비가 떨어지지만 중동을 비롯해 하나둘 현실화되면 상당히 매력적인 에너지원으로 각광받을 것이다."

파주의 스마트 워터 시티

한국수자원공사의 스마트 워터 시티 사업은 파주에서의 시범운영을 통해 실험실로서의 도시 역할까지 탐구할 수 있었고, 신기술로 지속 가능성을 확대하는 데 성공한 사례로 평가된다. 또한 민간에서 꺼리는 신기술을 공공기관이 앞장서 도입해 성과를 거뒀다는 점에서 스웨덴 하마비 허스타드의 사례와 비슷하다.

기존 국내 수돗물 공급 체계의 문제점은 개인 소유지에 있는 수도관 관리 책임을 개별 소유주에게 맡겼다는 점이다. 아무리 좋은 수질관리, 누수방지 기술이 등장해도 개별 소유주 입장에서는 도입할 동기가 없기 마련이다. 한국수자원공사가 자본과 기술을 투입해 아무리 수질관리를 해도 국민들은 상대적으로 관리가 덜 된 개별 소유지 수도관을 거친 수돗물을 사용한다. 이런 상황에서 국민들의 수돗물 음용률 향상을 목표로 하는 한국수자원공사 입장에서는 앞선 투자는 헛수고가 되기 쉽다.

결국 한국수자원공사가 자체 예산을 투입해 수질관리, 누수방지 기술을 개별 소유지 수도관까지 적용시킨 것이 바로 파주 스마트 워터 시티 사업이다. 애초부터 파주에서의 성공을 바탕으로 이를 전국에 확대할 계획을 갖고 시작된 사업이었다.

2014년도 파주 교하와 적성 지역을 대상으로 시작된 스마트 워터 시티 사업은 이후 지자체 및 지역사회의 호응에 따라 파주 전 지역으로 확대됐다. 그리고 누수센서 500대 설치 등을 통한 누수방지 기술, 그리고 소독제(염소) 냄새를 최소화하는 재염소 설비, 공급 중 물의 오염을 예방하는 관 세척, 자동 드레인 등을 통한 수질개선 사업 등이 이어졌다. 또한 각 가정을 방문해 수질을 검사하는 '워터 코디'와 옥내 수도관 상태를 점검하고 관 세척도 해주는 '워터 닥터' 서비스를 제공하고 수질 전광판, 스마트폰 애플리케이션, 홈 네트워크 등으로 시민에게 실시간 수질 정보를 공개했다.

결과는 대성공이었다. 유수율(누수되지 않고 실제 사용되는 급수량의 비율)은 기술 도입 이전 대비 13%포인트 높은 88%로 집계돼 연간 약 5억 원의 절감 효과가 발생했다. 파주의 수돗물 음용률은 사업 이전 1.0%에서

2016년 36.3%까지 높아졌다. 파주 시민들을 대상으로 한 설문조사에서 수돗물 만족도는 14년 60%에서 16년 86%까지 상승했다. 사업 성과에 대해 이병남 한국수자원공사 차장은 이렇게 평가했다.

"파주시가 일종의 테스트베드가 된 셈이다. 기술에 대한 자신감이 있어 유수율은 당연히 높아질 것으로 전망했지만, 주민들의 수돗물 음용률이 높아지리라 장담할 수 없는 일이었다. 파주에서 대성공을 거둔 후 여러 지자체에서 관심을 보였다. 사업을 전국으로 확대하는 것은 물론 추후에는 해외 수출에도 나설 계획이다."

한국수자원공사는 2018년 2월에 정부가 발표한 스마트 시티인 세종시 5-1 생활권, 부산 에코델타시티를 중심으로 전국에 스마트 워터 시티 사업을 확대한다는 계획이다. 세종시 5-1 생활권에서는 2018년부터 35억 원을 투자해 수돗물 수량과 수질관리 인프라를 개선하고, 아파트 및 학교 5개소에 대한 '실시간 수돗물 수질 정보 제공 서비스' 개시로 수돗물의 직접 음용률을 높일 계획이다. 부산 에코델타시티에서는 2022년까지 3만 세대, 7만 5,000명 규모의 지역에 스마트 워터 시티 기술을 접목시킬 계획이다.

이동의 개념이
바뀌는 도시

이데아 시티 속 차량공유 서비스의 가능성

오늘날 대부분의 도시는 교통수단으로 인한 과밀 문제들을 겪는다. 동남아시아 지역의 교통체증 문제가 대표적이다. 서울만 하더라도 아침 지하철 혼잡, 주차난 등이 중요한 도시문제로 지적받는다. 차량으로 이동하는 문화가 완전히 자리 잡은 미국의 경우는 온실가스 배출의 주범으로 가솔린 차량들이 지목받는다. 과거의 도시들은 이런 교통수단의 문제를 크게 두 가지 방향으로 해결하려 했다. 첫째는 공영주차장이나 도로 등의 인프라를 확대하는 방향이다. 둘째는 지하철, 버스 등의 대중교통수단을 더 저렴하게 공급하는 방안이다.

그러나 오늘날 스마트 시티들은 조금 다른 방향으로 나아간다. 대표적인 사례가 차량공유 서비스의 확대다. 국내 스타트업 중 풀러스Poolus를 예로 들어보자. 스마트폰으로 원하는 목적지를 입력하면 미리 등록된 차량의 이동 경로를 감안해 가장 가까운 운전자에게 신호를 보낸다. 그러면 택시보다 20~30%가량 저렴하게 퇴근길에 타인의 차를 타고 퇴근할 수 있다. 풀러스에 등록된 차량만 이용이 가능하기 때문에 안전하기도 하고, 비용이 저렴하며, 일종의 카풀 서비스이기 때문에 에너지를 덜 사용한다.

쏘카 같은 공유형 렌털 서비스도 도시의 모빌리티 문제를 해결하는 혁신형 스타트업이다. 신차를 장기로 대여받은 다음에 필요할 때 사용하다가, 주차장에 세워둘 경우 남에게 빌려주면 대여 횟수만큼 대여료가 차감되는 서비스다. 이러한 서비스는 모두 교통수단의 수요와 공급이 매칭되지 않아 발생했던 과거 도시의 교통문제를 해결하는 방법이다.

그런데 이것이 끝이 아니다. 오늘날 구글, 네이버 등의 IT 기업들이 개발하는 자율주행차 기술이 풀러스와 쏘카 같은 서비스에 접목된다고 생각해 보자. 쏘카로 장기 대여한 차량은 거의 주차장에 있을 일이 없다. 내가 아니라 누군가가 차를 이용하려 할 것이고, 그러면 해당 차량은 스스로 알아서 차를 이용하려는 이에게 찾아갈 것이기 때문이다. 결국 도시의 주차, 도로 정체, 환경오염 문제 등이 일거에 해결될 수 있다.

실제로 이런 미래를 준비하는 기업들이 있다. 카카오가 교통수단 관련 사업들을 모두 모아 별도로 설립한 카카오모빌리티가 한 예다. 카카오 모빌리티는 2017년 12월 한국토지주택공사와 손을 잡고 스마트 시티 교통 분야 업무협약을 체결했다. 이 협약에 대해 한국토지주택공사 관계자는 다음과 같이 밝혔다.

"스마트 시티 분야에서 독자적인 노하우와 풍부한 경험을 갖춘 한국토지주택공사와 카카오택시, 내비게이션 등 교통 분야에서 독보적인 솔루션을 갖춘 카카오모빌리티 간 협업을 통해 국내 교통문제 해결은 물론 스마트 시티 해외시장 공동 진출도 가능할 것으로 기대된다."

스마트 시티에서 새롭게 펼칠 수 있는 교통수단 혁명을 위해 스타트업도 한데 힘을 모으는 중이다. 그린카, 럭시, 쏘카, e버스, 풀러스, 카카오모빌리티 6개사는 2017년 10월 '스마트 모빌리티 포럼'을 창업했다.

문제는 이들이 교통수단 관련 다양한 실험들을 하기에 현실의 규제장벽이 너무나 높다는 것이다. 대표적으로 풀러스는 서울의 규제에 가로막혔다. 택시운송 회사라는 기득권을 가진 집단의 반발 때문이다. 이런 문제들은 이데아 시티라는 수단을 통해 해결하면 쉽게 풀릴 수 있다. 시간이 조금 걸린다는 단점은 있지만 가상의 도시 모델을 만든 다음에 얼마나 도시의 이동이 편리해질지를 시민들에게 먼저 이해시키고 민주적인 의사결정 과정을 거쳐 서비스 도입 여부를 결정한다면 결론은 투명하고 명쾌하게 날 것이다.

우버를 먹은 중국 디디추싱의 힘

실패를 모르고 달려가던 우버에게 세상의 쓴맛을 보게 한 기업이 있다. 바로 중국의 차량공유 서비스 업체인 디디추싱이다. 애칭으로 '디디'라 불리는 이 서비스는 광대한 중국을 공유 교통망으로 묶으면서 엄청난 시장을 거머쥐었다. 지난 2년간 디디와 우버는 수조 원의 출혈경쟁을 펼쳤지만, 디디는 85%의 중국 시장점유율로 8%에 그친 우버를 압도했으며 결국 두 기업은 합병했다.

국민보고대회 연구진 중에 한 명이 2018년 초 중국인 동료와 항저우로 출장을 갔다가 인근 도시인 닝보로 가는 기차를 놓친 적이 있었다. 웬만한 국제공항 규모인 항저우역인데도 이미 모든 기차가 매진이었고, 주변 버스도 막차가 끊긴 시간이었다. 이때 몇몇 사람들이 한 손으로 연신 스마트폰을 들여다보다가 주변 사람에게 "디디?"라고 말하는 장면이 보였다. 서로 흥정이 이뤄지고 삼삼오오 승객이 모이니 15분이 지나서 승용차 한 대가 항저우역 앞에 도착했다. 깔끔한 일본제 승용차였는데 스마트폰 충전기도 갖추고 있었다. 한 번도 본 적 없는 사람들끼리 몇 분 만에 남의 차를 빌려 타고 목적지에 가는 것이었다.

항저우 역에서 160km 떨어진 닝보 시내까지 디디 차량을 혼자 타면 140위안(약 2만 원), 둘이 타면 240위안(약 4만 5,000원), 셋이 타면 300위안(약 5만 원) 정도다. 기차 보통석 가격인 73위안(약 1만 2,000원)에 비해 약간 비싸지만, 장거리 택시는 잘 잡히지도 않을 뿐더러 디디보다 서너 배 더 비싸다.

국민보고대회 연구진이 만났던 직장인 왕하오는 디디 서비스에 대해 이렇게 말했다.

"친구들이 많은 항저우와 직장이 있는 닝보가 멀어서 저녁 시간에 만나기가 부담스러웠는데, 이제 기차나 버스를 놓쳐도 디디가 있으니 안심이 된다. 혼자 타는 것보다 여럿이 타는 게 가격도 싸고 차도 잘 잡혀서 삼삼오오 모여서 디디를 이용한다."

앞의 얘기에서 항저우역으로 일본제 승용차를 몰고 나왔던 류양은 낮에는 닝보에서 회사를 다니며 저녁에는 디디 운전기사를 뛰는 이른바 투잡족이다. "처음에는 디디로 인한 범죄나 교통사고 등의 문제가 많았지만 이제 운전자 신원 검증과 보험 가입을 철저하게 하면서 점점 이용객이 많아졌다. 디디는 나에게 엄청난 일자리를 준 셈이다. 매일 저녁에 일을 하면서 결혼 준비를 하는 중이다."

류양은 주말에도 쉬지 않고 매일 닝보-항저우를 왕복하는데, 기름 값, 요금소 비용을 빼고도 하루 손에 쥐는 돈이 400위안(약 7만 원) 정도라고 한다. 한 달에 약 200만 원을 버는 셈인데 이는 웬만한 직장인 월급 수준이다. 비용 지급은 위챗 등 온라인 결제로 모두 진행되며, 디디추싱에는 10% 정도의 수수료를 낸다고 한다.

현재 기업가치가 560억 달러(약 60조 원)인 디디추싱은 차량공유 서비스는 물론 택시, 렌터카, 중고차 매매까지 전 분야로 사업을 늘리는 중이다. 한국에서도 카카오택시가 많이 사용되지만 중국의 차량공유 서비스의 경우 일반택시, 고급택시, 개인 승용차 등 온갖 종류의 차량을 부를 수 있고, 모든 결제가 온라인에서 이뤄지니 편리하다.

중국서 가장 깨끗한 도시 중 하나로 꼽히는 닝보의 경우 대부분의 택시가 심하게 노후화되었다. 디디로 손님이 몰리면서 택시 회사가 투자할 엄두를 내지 못해서다. IT 플랫폼을 기반으로 공유경제를 이끌어낸 디디추싱으로 수요와 돈이 몰리면서 기존 산업이 무너지는 양극화 현상이다. 이는 이데아 시티에서도 벌어질 수 있는 광경이다.

자동차 회사 포드가 만든 자전거 공유 서비스

기존의 대중교통은 먼 거리를 정해진 경로로 오가는 방식이 대부분이다. 자연히 대중교통이 직접 닿지 못하는 지역이 발생했고, 이로 인해 여러 문제가 생긴다. 우선 시민들의 이동이 제한됐으며, 교통망이 발달한 지역을 중심으로 상권과 주거지가 개발되니 과밀과 빈부격차 문제 등이 뒤따랐다.

따라서 이데아 시티에서는 다양한 교통수단을 활용해 대중교통의 빈 공간을 채우는 일이 급선무다. 새로운 교통수단은 가까운 거리를 승객 수요에 맞춘 경로로 운행해야 한다. 이를 통해 시민들의 이동 편의 증대는 물론 각종 도시문제가 완화되는 효과도 기대된다. 공교롭게도 대표적인 자동차 기업인 포드가 오늘날 대중교통수단의 빈자리를 메우는 데 두각을 나타낸다.

포드가 우선 주목한 것은 공유자전거다. 오늘날 서울에서도 흔히 볼 수 있는 '따릉이'나 고양시의 '피프틴', 대전-세종시에서 운영되는 '타슈'처럼 자전거 주차장에 주차된 자전거를 신용카드 정보 등을 제공한 다음에 이용하는 시스템이다.

포드는 실리콘밸리 베이에이리어 지역에서 운영 중이던 자전거 공유 서비스 업체인 고바이크와 2016년 9월에 손잡고 기존 700대의 자전거를 7,000대까지 10배로 확대했다. 또한 포드패스FordPass® 플랫폼을 통해 고바이크를 이용할 수 있도록 했다. 또한 같은 해에는 샌프란시스코 기반의 크라우드소싱 셔틀 서비스 업체인 채리어트를 인수했다. 채리어트 셔틀은 수요에 맞춰 소형버스 노선을 개설하는 준準대중교통수단이다. 이 서비스는 대중교통과 택시 사이의 공백을 채워서 대중교통 서비스를 보완한다. 현재 오스틴, 시애틀, 뉴욕까지 서비스를 확장했으며, 2018년 2월에는 영국 런던으로 진출 계획이 보도됐다. 채리어트의 월간 이용자 수는 2017년 3월 기준 10만 명을 넘어섰다.

컨설팅 업체인 KPMG에서 시행한 연구에 따르면, 교통량이 최고조에 이르는 시간대를 기준으로 채리어트와 같은 셔틀이 한 대 투입되면 일반 차량을 최대 25대까지 줄일 수 있어 도시 혼잡을 해소할 수 있다고 한다.

포드는 첨단 교통수단 개발의 효과가 교통문제 해결에 국한되기만을 바라지 않는다. 포드는 내장형 모뎀이 장착된 차량을 약 2,000만 대 생산해 교통정보와 탄소 배출량 등을 데이터로 축적하고, 재난 현장에서 공중 촬영과 수색 등에 투입되는 드론을 개발할 예정이다. 또한 도로에서 발생하는 이산화탄소를 즉각 없앨 수 있는 녹지화 도로까지 구상 중이다.

이 같은 첨단 모빌리티 사업을 이끄는 곳은 2016년 3월 설립된 포드 스마트 모빌리티다. 기업 내에서 '포드 도시 솔루션'이란 특별 태스크포스 팀을 이끄는 제카 로빈슨 국장은 포드의 향후 교통수단 관련 전략에 대해 이렇게 말했다.

"포드는 100년 넘게 교통수단에 대한 해법을 제공하기 위해 노력해왔다. 오늘날 그 형태가 자동차이긴 하지만, 앞으로도 반드시 그러란 법은 없다. 오히려 자동차는 더 이상 교통수단으로서 지속 가능하지 못하다. 물론 포드가 자동차 판매를 당장 중단한다는 말은 아니다. 그러나 전 세계 인구의 절반 이상이 도시에 거주한다면, 자동차가 아닌 다른 교통수단이 도시의 거리를 채워야 할 것이다."

핀란드에서 본 모빌리티와 도시의 미래

2016~2017년에 운전기사가 없이 시내를 운행한 무인버스 소흐요

아는 핀란드의 첨단 교통기술을 상징한다. 사람의 보조 없이도 운행할 수 있는 4단계 자율주행차가 실제 도로를 오간 것은 세계적으로 드문 사례이기 때문이다. 이에 대한 안니 씨인네마끼 헬싱키 부시장의 말이다.

"구글의 웨이모를 비롯해 미국의 자율주행차가 실제 도로를 달리며 실험한 사실이 유명하지만 대부분 사람이 운전대를 잡아야 하는 2~3단계에 불과하다. 최근에야 구글이 미국 피닉스 지역에서 4단계 주행 실험을 시작했다고 들었다."

자율주행차 실험에 연구인력만 탑승하는 것이 대부분이었던 것에 비해 헬싱키 시민 4,000명이 직접 버스를 이용해본 것도 소흐요아 실험을 더욱 특별하게 만드는 사실이다. 다만 폭설과 폭우 등으로 인해 주변 환경 인지가 어려워지는 상황에 안전문제가 감지돼 시내 중심가에서 운행을 하지 못하는 상황이 생겼는데, 2018년 중에 이 문제를 해결하고 2019년부터는 시민들이 돈을 내고 무인버스를 타는 완전 상용화 단계로 돌입한다는 게 헬싱키의 목표다.

이처럼 야심찬 계획을 가능하게 한 발판 중 하나가 2015년부터 핀란드교통국이 추진한 '오로라 프로젝트'다. 자율주행을 비롯해 각종 첨단 자동차 기술을 실험하기 위한 스마트 도로라고 이해하면 쉽다. 이 도로는 차세대 이동통신 서비스인 5G 네트워크를 기반으로 지능형교통정보시스템ITS, 1~5cm까지 식별이 가능한 GPS, 고화질 디지털 지도 등을 갖추었다. 또한 도로 곳곳에 차량을 감지하는 센서를 설치해 실시간으로 차량 움직임을 확인한다. 특히 북극권 안에 속한 E8 고속도로는 혹한, 폭설 등 극한 환경에서 자율주행차나 스마트카를 위한 시험도로로 설계됐다.

오로라 프로젝트의 1단계인 파흐호텐-무오니오 10km 구간은 2018년 1월 완공돼 실험이 진행 중이다. 6개의 핀란드 업체가 완공 직후 실험을 진행했으며, 그중 하나가 폭설 환경에서의 자율주행 기술을 연구하는 업체인 '센서블 4Sensible 4'였다. 센서블 4의 CEO인 하리 산타마라는 진행된 실험에 대해 이렇게 말했다.

"2018년 1월 오로라 프로젝트를 통해 실험을 성공적으로 마쳤다. 눈이 많이 쌓여 차선도 전혀 보이지 않고, 주위 배경도 시시각각 바뀌는 상황이었지만 운전자 없이도 무사히 목적지까지 도착했다. 도로에 설치된 각종 첨단시설 덕에 실험 속도가 갑절은 빨라졌다."

간단한 신청 절차만 마치면 어떤 기업이든 이 도로를 활용할 수 있으며, 향후 해외 기업들도 오로라를 많이 찾을 것으로 전망된다. 오로라 프로젝트 2단계는 코라리-킬피스에르비 270km 구간으로 노르웨이 국도까지 포함한다.

시내의 모든 교통수단을 모바일 애플리케이션으로 연결하는 MaaS 서비스는 핀란드가 앞장선 분야다. 대중교통부터 자가용, 렌터카는 물론 자전거, 오토바이까지 모든 교통수단을 애플리케이션으로 연결해 이동의 혁신을 이룩한다는 취지다. 핀란드의 KYYTi는 궁극적으로 자율주행차와 차량공유 서비스를 연결시켜 자가용이 필요 없는 시대를 만들려한다. 예를 들어 KYYTi에서 경로를 설정하고 비용을 지불하면 지하철에서 내리자마자 대기 중인 택시를 타고 목적지까지 가는 서비스가 가능해질 전망이다.

KYYTi은 현재 단순히 최단 시간 경로를 추천해주지만, 향후 이용자별 택시 선호도, 지하철 선호도 등을 반영해 각 대중교통수단의 비중을 조정하는 맞춤형 경로제공 서비스까지 연구 중이다. KYYTi은 이미 시스템 수출 단계에 돌입해 2018년 4월부터 스위스와 미국 테네시주 네시빌에서 서비스를 실시할 예정이다. 또한 2018년 중 대규모 금융 지원을 받아 전 세계로 서비스를 확장할 계획이다. 다만 인구밀도가 높은 곳에서 서비스를 운영해본 적이 없다는 문제가 남았는데, 페까 모또 CEO는 이 문제의 해결을 위해 세계적 대도시들과 협력을 추진 중이고 한국기업도 논의 대상에 포함됐다고 전했다.

공간 이동이
자유로운 도시

버튼 하나로 방 구조가 바뀐다

보다 넓고 쾌적한 환경에서 살고 싶다는 소망은 누구나 한번쯤 해봤을 것이다. 특히 비좁은 원룸에서 산다면 이러한 소망은 더욱 간절해진다. 로보틱 인테리어 회사인 오리(ori)는 이런 소망을 현실로 만들어준다. 많은 돈을 들여 더 큰 집으로 이사하지 않고도 현재 주어진 공간을 두 배, 세 배로 활용할 수 있게 하기 때문이다.

로보틱 인테리어란 아직은 생소한 개념이다. 영화 〈트랜스포머〉에서 자동차가 로봇으로 자유자재로 변하듯 방 안의 가구들의 배치와 구성이 변하면서 새로운 방이 되는 방식이다. 그렇다고 해서 거주자가 공간을 변신시키기 위해 무거운 침대를 끙끙대며 옮기거나 책상과 의자를 일일

이데아 시티: 대한민국 미래 도시전략

이 들고 이동시킬 필요가 없다. 벽에 있는 버튼 하나만 누르면 가구들이 알아서 이동한다.

스마트폰 애플리케이션을 통해서도 가구 이동이 가능하다. 취침 모드, 텔레비전 모드, 식사 모드와 같이 미리 설정을 해두고 방 구조를 바꾼다. 이마저도 귀찮다면 음성인식 서비스를 이용해 명령을 내리면 된다. 한마디로 "열려라 참깨!"의 재현이다.

오리의 창업자 겸 CEO인 하시에르 라리아는 자사의 서비스에 대해 이렇게 설명한다.

"오리의 시스템은 별다른 노력 없이 마법과 같이 공간을 변형할 수 있게 한다. 이는 우리가 공간에 따라 활동의 제약을 받는 대신 공간이 똑똑하게 우리 활동을 돕도록 하는 완전히 새로운 경험을 제공한다."

라리아 CEO는 MIT 미디어랩에서 시티홈 프로젝트 등 로봇공학과 건축, 컴퓨터공학, 엔지니어링을 활용한 스마트 가구에 대해 연구하다 2015년에 스핀아웃 창업을 했다. 기업 이름은 종이접기를 뜻하는 일본어인 '오리가미'에서 따왔다.

보스턴의 아파트에 처음 적용한 오리의 초기 버전은 히트를 쳤고 순식간에 다른 도시로 퍼져나갔다. 오리가 처음 상업적으로 내놓은 모델의 가격은 약 1만 달러(약 1,000만 원) 정도인데 보스턴과 미국, 캐나다의 주요 도시에서 부동산 개발자들에게 날개 돋친 듯이 팔렸다. 라리아 CEO는 2017년 〈포브스〉에서 선정한 '30살 이하 경영인 30인'에 선정되기도 했다. 오리는 아파트뿐 아니라 호텔과 기숙사, 사무실로도 시장을 넓혀갈 계획이다.

로보틱 인테리어는 스마트 시티에 시사하는 바가 크다. 도시에 새로 들어온 창업자가 거주를 위해 방을 하나 구했는데 이를 업무공간으로까지 사용할 수 있다면 창업의 진입장벽을 스스로 낮출 수 있는 선택지를 하나 더 가지는 셈이다. 미래 도시에서 1인 가구의 비중이 지금보다 더 커질 것이란 점에서 봐도 공간의 효율적 활용은 필수적이다. 과거에 대가족이 넓은 집에 함께 살며 각각의 공간을 침실, 서재, 부엌, 거실로 활용했다면, 1인 가구는 과거 대비 좁은 집에 살면서도 과거에 누리던 공간을 확보할 수 있는 방법을 필요로 하기 때문이다.

공간이 커질수록 로보틱 인테리어를 통한 공간 활용성은 더욱 커진다. 원룸보다 더 큰 두 칸짜리 아파트라면 로보틱 인테리어를 통해 더욱 다양하게 공간 활용을 할 수 있다. 방을 세 칸으로 나눠 스타트업 3개가 입주한다거나, 파티션을 아예 없애 공간 전체를 확 트인 하나의 공간으로 만들어 활용하는 등 입주자에게 더 많은 선택권을 줄 수 있다.

월요일이 즐거운 사무 환경을 만드는 위워크

미국 뉴욕의 금융 중심지 월스트리트 거리 한복판. 낡은 빌딩이 밀집한 이곳에 세계적인 공유 사무실 업체 위워크 본사가 있다. 오래되어 보이는 외관과 달리 건물 인테리어는 세련되었다. 엘리베이터에서 내려 마주한 벽면에는 TGIM이란 글자가 적혀 있다. "Thanks God, It's Monday"의 줄임말로 TGIF를 본떠 만든 위워크의 구호이다. 위워크가 제공하는 사무 환경에서는 흔히 지옥 같다고 느껴지는 월요일도 즐거운 월요일이 된다는 자신감이 담겨 있다. 월요병에 찌든 한국 직장인에게 분명 실낱같은 희망의 구호일 것 같다. 도대체 어떤 환경을 제공하기에 이런 자신감에 찬 구호를 내걸었을지 의구심을 안고 국민보고대회 연구진은 위워크 본사 안으로 들어가봤다.

적막한 분위기, 부서를 나누는 딱딱한 칸막이는 찾아볼 수 없다. 대

| 뉴욕의
위워크 모습

신 곳곳에서 웃고 떠들며 대화하는 직원들이 보인다. 수많은 테이블에서는 열띤 토론이 오가고, 그들만의 프로젝트가 진행된다. 한쪽 구석에서는 한 직원이 해먹에 몸을 뉘고 낮잠을 청한다. 위워크가 지루하고 딱딱하기 만한 전통적인 사무실의 패러다임을 바꿔놓은 건 확실해 보인다.

위워크에는 스타트업을 비롯해 게임 연구 업체, 식품 업체, IT와 모바일 업체 등 업종을 불문하고 수많은 기업들이 입주했다. 건반과 악기를 이용한 뮤지션의 공간도 있고, 이곳 사람들은 끊임없이 소통한다. 예기치 못한 만남에서 얻어지는 예상치 못한 아이디어, 거기서 발현되는 창의성과 기발함이 바로 위워크가 내세우는 가치이기도 하다.

위워크의 사업 모델은 단순히 소규모 사업자들이 직면한 비싼 임대료 문제를 해결하는 것이 아니다. 더 중요한 것은 사람 사이의 네트워크다. 소규모 그룹에 맞춤화된 공용공간을 마련해주고 네트워킹 활동을 촉진해 새로운 기회를 발굴할 수 있게 하는 모델이다. 인적 네트워크 형성은 물론이고 사무실 청소 서비스, 공용주방의 커피와 생맥주 이용, 무료 세무 및 법무 상담 서비스 등의 혜택도 제공한다.

업무 환경에 대한 높은 만족도를 바탕으로 위워크는 무섭게 성장 중이다. 위워크의 기업가치는 지난해 8월 200억 달러(약 20조 원)을 넘어섰다. 2012년 1억 달러(약 1,000만 원)의 몸값과 비교하면 200배가량 성장한 규모다. 전 세계 55개 이상 도시에 165개 지점을 세운 위워크는 한국의 강남역 등 4곳에 사무실을 개설했다.

최근 위워크는 마이크로소프트 등에 사무공간 컨설팅을 하고 있다. 젊은 창업가들이 마음껏 여가를 즐기며 토론할 수 있는 공간을 만들자며 시작한 공유경제 업체인 위워크가 부동산 설계 서비스 기업으로 변하는 중이다. 단순히 사무실의 공유를 넘어 공간 공유의 혁신을 창조하는 위워크의 사례는 이데아 시티에 더욱 빠르게 도입될 수 있다. 위워크 같은 업무 공간이 완전히 정착된 이데아 시티에서 시민들은 호텔에 있는 것처럼 편안한 업무 환경을 제공받을 것이다.

차 안에 사무실을 만드는 메르세데스벤츠

움직이는 차 안에서 이뤄지는 업무와 미팅? 기사가 운전하는 차를 타는 기업 중역이나 고위 관료의 얘기가 아니다. 성큼 다가온 자율주행차 시대는 운전자에게 보다 많은 자유를 제공할 전망이다. '바퀴 달린 사무실'의 시대가 온다.

메르세데스벤츠는 2015년에 자율주행 콘셉트카인 F015를 선보였다. F015는 사람들이 더 많은 시간을 보내려는 공간, 터치스크린으로 가득한 공간, 미래의 업무공간을 갖춘 차로 요약된다.

미국인은 매년 1,400억 시간을 차에서 보낸다고 한다. 자율주행차가

메르세데스벤츠의 자율주행 콘셉트카인
F015 내부 모습

상용화되면 사람들의 업무 형태와 장소는 획기적으로 변할 것이다.

차에서 허비하는 시간을 업무, 자기계발이나 수면 등에 활용할 수 있다면 개인의 생산성 증가와 경제성장의 가능성이 높아진다. 하루에 3시간씩 출퇴근길에서 운전하며 보내는 사람에겐 하루가 24시간이 아닌 27시간이 될 정도의 변화다.

자율주행차는 개인의 업무공간뿐 아니라 사업을 위한 만남의 공간으로 활용될 수도 있다. 상대방과 만나 협상하고, 인터뷰를 하고, 계약을 체결한다. 사업을 위한 목적이 아닌 네트워킹의 공간으로 쓸 수도 있다.

이동 경로가 비슷한 사람 중 취향이 비슷한 사람, 마음이 잘 맞을 것

같은 사람을 애플리케이션을 통해 만나 출근길을 즐겁게 보낼 수 있다.

자유롭게 이동하며 프리랜서나 개인사업을 하는 이른바 '디지털 노마드'로 불리는 사람에게 자율주행차가 업무공간이 될 수도 있다. 카페나 공유공간을 이용하지 않고도 인터넷이 연결된 차 안에서 이동하면서 자유롭게 일하는 시대가 올 것이다. 서울에서 점심 미팅을 마치고 부산에서 저녁을 먹고 싶다고 해서 일을 중단하고 이동할 필요가 없다. 가장 집중이 잘되는 편안한 환경에서 일하다 차에서 내리면 목적지다. 일을 마치고 힘든 몸을 이끌고 막히는 도로에서 스트레스를 받는 건 이제 옛이야기가 될 듯하다.

자동차에서 누릴 수 있는 서비스들도 속속 등장할 것으로 보인다. 스마트폰 애플리케이션을 이용하듯 자동차 전용 애플리케이션이 나타날 것이다. 과거에는 연비와 속도 등 자동차에서 하드웨어적 측면이 중요했다면 이제는 차 안에서 누릴 수 있는 소프트웨어적 측면이 자동차 회사의 경쟁력을 가를 것이다.

새로운 형태의 일자리 등장도 예상된다. 자율주행차가 움직이는 외국어학원이 될 수도 있고, 카페가 될 수도 있다. 기존 사무실과 업무공간 등에 파급 효과도 막대할 것이다. 건물주들은 세입자를 확보하기 위해 자동차 회사와 경쟁해야 할지도 모른다. 이 밖에도 가능성은 무궁무진하다. 당신이 상상했던 일들, 상상도 못했던 풍경들이 도로 위에 펼쳐질 수 있다.

3D게임을 하듯 본사를 지은 엔비디아

그래픽카드에 사용되는 반도체를 설계·생산하는 기업인 엔비디아 Nvidia. 인공지능을 개발하는데 필수적인 그래픽카드 전용 반도체를 설계하는 기업이다. 최근에는 비트코인 같은 암호화폐를 채굴하는 데 이 기업의 그래픽카드가 필요하기도 해서 상당히 주목받고 있다. 그런데 이 기업이 국민보고대회 연구진이 말하는 이데아 시티의 개념을 구현한 사옥을 지었다고 한다.

엔비디아는 2010년부터 미국 서부 산타클라라에 토지를 매입하고 신사옥을 설계하기 시작해 2017년 연말에 공사를 완료했다. 그런데 그 공사 방식이 독특했다. 첨단 IT 회사답게 가상현실 소프트웨어인 '엔비디아 아이레이'를 통해 먼저 디지털 환경으로 사옥을 구현해보고 빛의 조도 및 각도도 계산했다. 또한 건물 안에서 모든 사람이 일하기 가장 좋은 환경을 구현하기 위해 노력했다. 설계 단계부터 디지털로 건물을 구성한 것이다.

그 이유가 뭘까? 마크 해밀턴 엔비디아 부사장은 이렇게 설명했다.

"개발자들은 일하면서 자주 마주쳐야 아이디어를 공유하기 쉽고, 뛰어난 성과도 낼 수 있다. 젠슨 황 CEO가 신사옥을 지을 때 가장 강조한 것도 '세렌디피티'였다. 탁 트인 공간에서 빠르게 이동하며 서로 쉽게 만나 말할 수 있도록 업무의 구조를 바꾼 것이다."

엔비디아 신사옥
조감도

실제로 엔비디아의 사옥은 기업 안에서 우연히 마주치며 일어나는 소통을 강조하기 위해 탁 트인 넓은 공간과 최소한의 층으로 지어졌다. 신사옥 건축 프로젝트 총괄을 맡았던 잭 달그런 매니저는 5만 m²의 공간에 2,000명이 근무할 지하 2층, 지상 3층의 신사옥 특징은 근무공간을 한 층에 배치했다는 데 있다고 말했다. 지하는 주차장이고, 1층과 3층은 휴식공간과 회의공간이다. 업무공간은 모두 2층에 집중해서 지었다.

2,000명이 근무하는 공간을 한 층으로 몰아넣는 것은 상당히 무리한 설계다. 이렇게 설계할 경우 발생할 직원들의 불편함이 클 수 있었다. 층이 넓어지니 자연히 직원들의 동선이 길어질 수 있었다. 사옥 내 모든 자리에 채광이 잘되는지, 에너지의 효율성 문제도 감안해야 했다.

엔비디아는 이 모든 문제들을 해결할 수 있는 방법론으로 가상현실 설계방법을 적용했다. 먼저 245개나 되는 채광창을 가상현실로 설계했다. 1년 중 햇빛이 강렬한 날과 구름이 잔뜩 낀 날 오후에 사옥 내 일조량 등을 컴퓨터 시뮬레이션으로 돌려본 다음 최적의 해법을 찾아 설계했다.

3D 게임을 만드는 듯이 건물 안을 가상현실로 조립한 다음 실물과 가장 가까운 이미지를 먼저 만든 것이다. 시뮬레이션해서 볕이 특히 잘 드는 곳이 발견되면 그 공간에 협업시설들을 집중적으로 배치했다. 앞서 말한 것처럼 세렌디피티를 극대화하자는 것이 설계 철학이었기 때문이다. 커피를 마시거나, 대화를 하거나 사람들이 두뇌를 이완시키면서 새로운 생각을 떠올릴 수 있는 공간에 최적의 환경을 배정한 것이다.

이동성 또한 3D 시뮬레이션을 통해 일일이 계산했다. 이 시뮬레이션을 통해 잭 달그런 매니저는 직원들이 하루에 우연히 마주칠 가능성이 95%가 넘는다는 것을 확인했다고 말했다.

이러한 작업환경에서 일은 재정의된다. 사람과 사람이 자유롭게 만나서 대화하다가 발견하는 세렌디피티가 바로 일이다. 과거처럼 종이나 컴퓨터 앞에 앉아서 무언가를 끄적이는 것이 아니라, 사람과 사람의 두뇌를 맞부딪혀서 창의적인 아이디어를 생성시키는 불꽃을 일으키는 것이 바로 일이다.

개별적으로 업무에 집중하는 것보다 사람들이 서로 만나 새로운 아이디어를 일으키는 것이 훨씬 높은 인간의 직무 성과임이 증명되고 있다. 이를 확실히 증명하는 사례가 바로 엔비디아의 사옥이다.

스타트업의 미래를 보여준 콰드레

영국의 블록체인 스타트업인 콰드레는 미래의 창업이 어떤 식으로 일어날지 잘 보여준다. 콰드레는 종전 의약품 공급망을 보완하기 위해 만들어진 회사다. WHO에 따르면 개발도상국의 의약품 중 약 11%가 가짜라고 한다. 콰드레 공동설립자인 애슐리 캠벨 쿡은 콰드레 사업에 대해 이렇게 말했다.

"매년 가짜 약품 때문에 100만 명이 사망하고, 제약 회사는 1,000억 달러(약 100조 원)의 손실을 입는다. 의약품 공급망만 제대로 돌아가도 제약 회사는 막대한 손실을 막을 수 있고, 사람들을 구할 수 있다."

콰드레는 약품에 NFC근거리무선통신 태그를 붙이고 블록체인 기술을 접목했다. 약품이 어디 있는지, 약품이 있는 곳의 온도, 누가 사용하는지 등에 관한 정보가 암호화돼 블록체인상에 기록된다. 이 기록은 유통업자 등 제3자가 조작할 수 없다.

"각각의 약품에 디지털 아이덴티티를 부여하고 블록체인을 이용해 약품을 추적할 수 있다. 문제가 생길 경우 제약 회사는 공급망 중 어느 지점에서 사고가 발생했는지 확인해 보완할 수 있고, 약을 사는 사람은 그 약이 진품인지 확인할 수 있다."

콰드레는 창업 7개월 차 신생 기업이지만 이미 아시아 지역 거대 제약 회사, 보험 회사 등 15개 회사와 일하는 중이다. 콰드레의 사업 모델은

명품 의류나 오일, 화학제품 등 공급망과 진품 확인이 필요한 사업이라면 어디든 적용할 수 있다.

다만 콰드레는 '프라이빗 블록체인'을 사용하기 때문에 암호화폐는 따로 발행하지 않는다. 하지만 향후 추가 자금을 모아야 할 경우 ICO를 통한 자본 확충에 나설 수도 있다. 5명이 뜻을 모아 창업한 지 7개월 만에 직원 수가 30명으로 급속히 불어났지만 공간 문제로 걱정해본 적이 없다. 앞에서 언급한 위워크 덕분이다.

처음 한 달은 4인용 사무실을 하나 빌려 5명이 쓰다가 다음 달 사람이 늘어 8인용으로 공간을 빌렸다고 한다. 그 뒤 직원이 30명까지 늘어 지금은 30인용 크기 공간을 빌려 쓴다고 한다. 강아지도 한 마리 데려다놓았다. 캠벨 쿡 CEO는 위워크 서비스에 대해 이렇게 말했다.

"수백 개 스타트업이 이곳에서 일한다. 사무실 임대 비용 절감은 물론 일할 공간을 찾는 생각조차 할 필요 없이 일하는 데만 집중할 수 있다."

미래 도시 속에서 직업은 어떻게 변할까?

인공지능과 로봇 등 신기술에 의한 자동화는 새로운 단계로 진입하고 있다. 공장 및 사무실 업무의 자동화는 물론 의사, 변호사 등 전문직 종사자의 일도 자동화가 가능한 새로운 국면이 열리고 있다. 이로 인해 일자리 감소에 대한 우려가 커졌다. 예를 들어 전화교환원, 뱃사공, 굴뚝청소원, 식자공 등은 이제 찾아보기 힘든 직업이다. 한편, 새롭게 등장하는 산업과 비즈니스로 인해 미래의 직업이 증가할 수 있다는 희망적인 주장도 있다.

2016년 8월 마이크로소프트와 영국 미래연구소는 〈미래의 일자리〉라는 이름의 보고서에서 오늘날 대학생의 65%는 현재 존재조차 하지 않는 직업을 가질 것으로 전망했다. 또한 2025년 전후로 가상공간 디자이너, 윤리기술 대변자, 디지털 문화 해설가, 우주여행 안내자, 인체 디자이너 등의 직업이 각광을 받을 것으로 내다봤다.

미래의 직업은 어떻게 변할까? 새로운 직업이 발생할 수 있는 영역은 어디일까? 새로운 일자리를 위해 무엇을 준비해야 할까? 이는 도시라는 공간의 측면에서 어떤 변화를 가져올까? 이에 대한 답을 찾기 위해서는 직업의 변화가 어떤 구조 속에서 일어나는지, 플랫폼 경제와 지식 산업이라는 측면에서 새로운 직업은 어떤 형태일지, 새로운 직업의 유형이 도시에서 직업과 주거공간에 어떤 변화를 가져올 것인지를 살펴볼 필요가 있다.

역사적으로 직업이나 일하는 방식의 변화는 그에 적합한 조직과 공간, 도시의 모습을 요구해왔다. 농사일은 대부분 사람이나 가축의 노동력을 사용하는 방식이었으며, 일터인 농지와 집은 서로 근거리이거나 일치하는 사회였다. 산업혁명 시대에는 증기기관이라는 새로운 동력기관의 등장으로 공장의 노동은 인간 대신 기계를 이용하고, 공장과 집을 분리시켜 산업단지와 주거단지로 집단화시켰다.

산업화는 도시화였으며 도시는 점점 더 거대화되고 상업지역, 산업지역, 주거지역 등으로 분리되면서 지역을 오가며 생활하는 지금의 장거리 이동 사회가 만들어졌다. 그렇다면 지금의 도시는 여전히 경쟁력을 갖고 지속될 것인가?

직업의 변화를 가져오는 환경적인 요인은 기술 진보와 사회 환경의 변화이다. 새로운 기술의 등장은 일하는 방식, 직업의 변화를 가져온다. 현재 디지털에 기반을 둔 새로운 기술은 자동화의 고도화를 이끈다. 4차 산업혁명 또는 디지털 전환이라는 기술 진보의 특징은 자율화, 초연결, 초융합이다. 한편 고령화와 저출생이라는 사회 환경의 변화는 자동화에 대한 요구를 높인다.

일의 변화가 가진 특징은 지식을 기반으로 한 지식 산업 종사자의 증가, 모든 업무의 IT화다. 이는 업무의 유연성, 업무공간의 유연성을 높이며, 원격근무와 재택근무의 가능성을 높인다. 이는 편리한 생활공간을 중심으로 업무공간, 생활공간, 도시공간, 기업의 구조가 재편될 가능성을 보여준다.

이데아 시티에서 사람들은 어떻게 일할 것인가? 사람들은 고정된 하나의 사무실이 아닌 용도별로 특화된 다양한 형태의 업무공간 또는 기업을 이동하면서 일할 가능성이 높다. 혼자서 집중적으로 일할 때 필요한 공간, 여러 사람들이 협업을 할 때 필요한 공간, 외부의 고객이나 파트너들과의 협의공간, 연구 또는 실험이나 테스트를 하는 랩lab 공간, 이동 중의 업무공간 등 다양한 공간을 이동하면서 일할 것이다.

이러한 공간은 특정 기업의 소유가 아닌 도시가 소유해 제공하는 공유 시설일 것이다. 그리고 이러한 다양한 공유 시설을 갖춘 도시가 경쟁력 있는 도시가 될 것이다. 산업별로 필요한 공유공간이 다르기 때문에 이에 따른 집적 효과를 보기 위해서는 특화된 산업을 중심으로 구역이 조성될 것이다.

이데아 시티,
도시의 역사를 새로 쓰다

한국은 이데아 시티를 빨리 만들 수 있는 환경이 잘 갖춰졌다. 스마트 시티 사업에 적극적인 정부, 지방분권 개헌을 앞둔 시점, 소멸을 앞둔 지방정부의 위기의식, 과거 분당신도시, 일산신도시 등을 만든 도시개발 경험 등이 있기 때문이다.

도시의
350만 년 흥망사

고대의 도시: 개인이 억압받던 공간

과거에 도시 역사가 짧았던 것은 아니다. 오히려 책 안에 도시의 역사를 요약한다는 것이 불가능할 정도로 방대하다. 고대로부터 내려온 도시의 역사를 보면 오늘날 이데아 시티에 많은 시사점을 던져준다.

기원전 3500~3000년경 세계 4대 문명 발상지의 비옥한 땅에서 잉여 생산물이 발생했고, 씨족과 부족 단위로 흩어져 살던 사람들이 그 땅에 몰려들어 도시가 생성됐다. 도시에 모여 살며 식량과 안전을 확보한 인류가 연구 및 문화 활동 등 새로운 일에 몰두하며 문명이 등장했다. 이때 인류는 생존 투쟁에서 해방된 대신 새로운 숙제를 받았다. 수천 년 이어온 친족과 씨족 중심의 체제를 무너뜨리고 새로운 도덕적·사회적 체제를 구축하는 일이다.

그 해답은 종교였다. 성직자들은 사람들을 한데 묶고 도시 체제를 지배하기 시작했는데, 원시 도시의 상징적 건축물들이 모두 사원이라는 점에서 확인할 수 있다. 달의 신 '난나르'를 모시기 위해 지어진 메소포타미아 평원의 지구라트, 신과 일치된 파라오를 기리는 이집트의 피라미드, 토속신을 모시는 중국과 파키스탄의 고대 사원 등이 그 예다. 미국의 지리·역사학자이자 언론인인 조엘 코트킨이 도시가 지속되기 위한 요건으로 제시한 성스럽고, 안전하며, 번화한 곳이어야 한다고 표현한 것과 같은 맥락이다.

이렇게 형성된 도시는 경쟁을 거듭하며 찬란한 문화를 꽃피웠다. 그리스의 도시국가에서는 헬레니즘, 봉건영주가 즐비했던 춘추전국시대 중국에서는 제자백가가 등장해 수천 년간 이어질 문명의 기틀이 다져졌다. 이 당시의 도시 모델은 저마다 특색을 가지면서도 공동체 의식을 가졌다. 그러나 이로 인해 생긴 도시 외부에 대한 폐쇄성은 오늘날에는 상상할 수도 없을 정도로 시민들의 삶을 억압했다. 노예제도 등 인간을 억압하는 문화 위에 형성된 것이 당시의 도시 문명이었다. 코트킨은 그중 그리스의 도시국가에 대해 이렇게 평가했다.

"(그리스는) 도시국가를 안정적인 연합으로 묶을 통치 구조를 전혀 발전시키지 못했다. 그들이 다른 인종들을 선천적으로 열등하다며 경멸한 것은 다른 문화권의 사람들과 교류하는 데 심각한 어려움을 안겨줬다."

이후 중앙집권 체제를 갖추고, 다른 문화를 포용할 수 있는 제국이 등장하며 도시국가의 시대는 막을 내린다. 고대 제국의 대표 도시는 제국의 이념을 충실히 투영한 곳이다. 그리스의 도시국가를 멸망시킨 것은 북쪽의 변방으로 취급받던 마케도니아다. 마케도니아의 알렉산드로스 대왕은 정복과 포용 정책을 동시에 구사해 대제국을 건설했으며, 점령지에 수많은 신도시를 세우고 자신의 이름을 따 알렉산드리아라고 명명했다. 특히 이집트의 알렉산드리아가 유명했다. 각종 신기술을 동원해 도로와 항만 등 인프라를 구축하고, 많은 인종이 어울려 사는 코스모폴리탄 성격의 도시로 큰 발전을 이룬다.

알렉산드로스 대왕의 사후 등장한 로마제국은 도시의 역사에서 빼놓을 수 없는 국가다. 수도 로마가 기원전임에도 인구가 100만에 육박한 인류 최초의 메가시티였기 때문이다. 화려한 건축물은 물론 도시 내 수로 및 하수도, 제국 곳곳으로 뻗는 도로망 등이 오늘날 메가시티의 원형이라 평가할 만하다. 카이사르가 통치하던 시기에는 도시 안전을 위해 주택의 고도를 제한하고, 화재예방 타일을 사용하는 등의 제도도 도입됐다. 광활한 제국의 영토에서 몰려든 인종들이 한데 모여 사는 수준을 넘어, 서기 98년에는 에스파냐 지방 출신의 트라야누스가 황제에 등극할 정도로 세계인이 통합된 도시였다.

그러나 로마는 오늘날 거대 도시에서 보이는 단점들도 앞서서 선보였다. 계급 간 경제 격차가 벌어지면서 사회 갈등의 씨앗이 싹텄고, 번잡하고 쾌락에 찌든 도심을 혐오한 엘리트 계층은 냉소주의와 현실도피 사상에 빠져 인근 시골이나 별장으로 몸을 옮겼다. 오랜 세월에 걸쳐 쇠퇴한 로마는 정치·상업적 중심지 기능마저 다른 도시들에 넘겨주고 급기야 410년 서고트족에게 약탈당하는 지경에 이르렀다가 476년 게르만족에게 함락당하며 그 찬란한 시대의 막을 내린다.

근대의 도시: 도시, 국가를 넘어서다

비잔티움제국의 멸망 후 이어진 중세 시대는 공교롭게도 도시국가가 부활할 여건을 마련했다. 고대 제국의 정신을 대체한 중세 기독교가 정치·문화적으로 도시에 막대한 영향을 끼쳤지만 군사·상업적 측면을 경시했기 때문이다. 도시의 기본 여건인 안전과 번영을 확보하기 위해 각 지역의 역할이 중요해졌고, 이는 도시국가들이 자립할 힘을 갖추는 계기가 됐다.

로마가 있던 이탈리아는 도시국가 부활의 중심지가 됐다. 베네치아는 정복이나 종교의 힘 없이 뛰어난 상업 능력을 통해 중세 시대를 대표하는 도시가 됐다. 십자군전쟁으로 기독교와 이슬람 세계가 정면충돌하던 시기에도 베네치아인들은 이슬람과의 교역을 통해 부를 축적했다. 정치적으로도 공화제를 택한 베네치아는 선출된 지도부가 이익을 낼 수 있는 곳이라면 어떤 곳이든 교역상대로 삼았기 때문이다. 그들은 십자군이 비잔티움을 장악한 1204년에는 본격적으로 이슬람 시장에 진출해 경제적 지배권을 확고히 했으며, 이슬람 너머 인도, 남아시아, 중국과의 교역까지 장악했다.

베네치아는 무역, 금융을 통해 성장한 뒤 제조업까지 영역을 넓혀 선박, 군수품, 유리 등을 전문적으로 생산하는 산업지구를 구축했다. 이처럼 폭넓은 경제 기반에 힘입어 베네치아는 16세기 유럽에서 가장 부유한 도시가 됐다. 경제와 무역을 중시한 만큼 외지인에게 개방적인 문화가 갖춰졌고, 덕분에 유럽 다른 지역에서 핍박받은 이방인들이 몰려들며 다양한 상품, 사상, 기술을 갖추었다. 메디치 가문의 근거지로 유명한 피렌체도 경제력을 통한 정치가 성공적으로 안착한 도시국가였다.

물론 중세 르네상스 시대에도 거대한 중앙집권 국가가 존재했고, 이들의 수도 역시 번영을 누렸다. 아프리카를 돌아 아시아로 향하는 항로가 열린 후 이베리아반도에 있는 에스파냐와 포르투갈이 강대국으로 부상했으며, 두 국가의 수도는 정복활동을 통해 끌어모은 재물로 번영했다. 신항로의 개척은 지중해 항로를 장악해 성장했던 이탈리아 도시국가들의 약화를 의미하기도 했다. 유럽 최대 국가였던 프랑스의 파리도 웅장한 건축물과 예술 및 문화 중심지로 명성이 높았다.

그러나 에스파냐와 포르투갈은 정복지의 경영을 군사력에만 의존한 탓에 쇠퇴하기 시작했고, 그 빈자리는 또다시 네덜란드의 도시국가들이 차지했다. 암스테르담, 로테르담 등 네덜란드 북부의 경제도시는 은행가, 상인, 기술자를 앞세워 정복지의 상업적 열매를 획득했다. 80년에 걸친 독립전쟁을 통해 에스파냐로부터 독립한 네덜란드의 암스테르담에는 칼뱅주의 신앙에 따라 자본주의적 성공을 종교적으로도 정당화하는 풍토가 뿌리내렸다. 또한 과거의 상업도시처럼 다양한 인종과 종교가 혼재하며 경제와 문화에 활력을 불어넣었다. 종교를 절대화하고 상업을 경시한 에스파냐와 상반되는 모습이다.

암스테르담은 최초의 현대적 상업도시로 평가받기도 하는데, 도시 외곽의 주택가와 부두 등이 청결하고 안락하게 관리되었기 때문이다. 그러나 쇠퇴의 과정은 앞선 상업도시들과 비슷했다. 암스테르담의 자본가들이 더 이상 모험을 벌이지 않고 부동산과 주식에 집착하며 값진 기회와 자산을 놓치기 시작했던 것이다. 17세기 중반 튤립 광풍이 불 정도로 단기금융에 대한 관심이 치솟았지만, 아메리카 대륙의 식민지였던 뉴암스테르담이 변변치 않은 전투 뒤에 영국으로 넘어간 것이 상징적이다. 영국은 뉴암스테르담을 확보한 후 이름을 뉴욕으로 바꿔 달았다.

런던은 영국이란 거대한 국가의 수도이면서도 앞서 등장했던 도시국가처럼 상업과 다양성을 중시했다. 중산층과 노동자계급은 신분 상승을 꿈꾸며 장거리 무역에 몸을 던졌고, 식민지 이주자와 외국인이 부족한 노동력을 메웠다. 오늘날까지 명성을 떨치는 영국의 금융기관들도 이

시기에 설립되었으며, 런던은 거대한 발전을 위한 자양분을 모두 갖춘 도시였다.

현대의 도시: 국가 중심 획일의 시대

현대에 들어 문명의 중심은 도시가 아니라 국가가 된다. 그러나 세계적인 도시사회학자 사스키아 사센은 그런 모든 국가적 변화의 중심에는 도시가 있었다고 주장한다.

현대의 도시는 자본주의의 성장, 산업화의 진전으로 인한 급격한 변화에서 비롯된다. 사회의 핵심 영역이 도시로 집중되었고 이에 따라 인구의 대이동이 나타났다. 도시는 점점 거대해졌고 도시 안에는 다양한 시설들이 위계질서를 이루며 들어섰다. 도시와 시골이라는 극단적 이분화가 나타난 것도 이때부터다. 농업 중심의 사회가 산업 및 유통 중심의 사회로 변화함에 따라 국가와 사회의 중심으로 도시가 성장했다.

거대한 기계가 들어선 공장에는 수천 명의 노동자들이 모여들어 생산 과정을 분담했다. 이들이 받는 월급은 다시 생산을 통해 만들어진 상품을 사는 데에 쓰였다. 기존 도시 가운데서도 물류의 수송과 상품의 유통이 원활하게 이루어질 수 있는 곳이 거대한 산업도시로 거듭나기 시작했다. 거대한 기계산업화, 근대화의 과정에서 도시가 성장함에 따라 도

이데아 시티: 대한민국 미래 도시전략

시 안의 구조도 이전과는 큰 차이를 보이며 변화하기 시작했다. 기존의 좁고 구불구불했던 길은 대규모 공사를 통해 넓고 곧게 바뀌었고 다닥다닥 붙은 가옥들이 늘어선 곳은 근대적 가옥 형태로 바뀌어 확장된 도로와 보조를 맞추었다.

도시에는 다양한 인간과 사회·문화적 요소가 혼재되어 있다. 현대 도시는 경제적·문화적·정치적으로 편차를 보이는 이들이 공존하는 공간이다. 도시 속에서는 수많은 개인이 이동하고 교차하며 만남이 이루어진다. 개인마다 경제적·문화적·정치적 입장이 제각각이고 이것이 커다란 지역적 정체성을 띠는 경우도 있지만, 도시는 이러한 다양한 요소를 공존케 한다.

도시 속에서의 이동과 만남은 한 편의 스펙터클한 영화를 보는 것과도 같다. 지역적으로 편재된 다양한 요소가 한곳에 집중된 현대 도시는 일상 속에서 인간이 경험하는 시공간을 압축해 드러낸다. 빠른 속도로 흘러가는 도시의 일상 속에서 개인은 이전 시대에 경험하지 못했던 다양한 사건을 경험하고 새로운 만남을 이룬다. 근대적 원리에 따라 계층화·위계화되어 구획된 도시공간이지만, 빠르게 전개되는 도시의 흐름으로 인해 인간의 경험과 인식은 이전과는 비교할 수 없을 정도로 큰 변화를 겪었다.

이러한 변화는 인간의 삶에 큰 영향을 미쳤다. 다양한 이질적 요소들이 혼재되어 교차하는 도시가 주는 경험은 도시에 적응하지 못한 개인을 만들기도 했다. 도시는 인간소외와 고립을 심화시켰으며 이로 인해 발생한 문제는 현대사회의 주요한 과제로 여겨진다. 그러나 도시는 이질적 요소의 공존과 새로운 경험이 가능한 공간으로 기능하기도 한다. 다양한 차이의 교차와 공존 속에서 다양한 사건의 경험을 통해 새로운 사회적·문화적 흐름이 형성될 수도 있다.

국가가 획일적 인간의 모습을 양산할 때, 도시는 다양한 인간의 모습을 만들어냈다. 달리 표현하면 국가가 미래를 창조하지 못하는 한계를 보일 때, 도시가 미래를 창조하는 가능성을 열었다는 뜻도 된다. 국민보고대회 연구진이 주목한 것도 바로 이 가능성이다. 오늘날의 국가는 각종 기득권의 덫에 걸려 미래 세대들을 위한 규제 완화를 하나도 하지 못했다. 이데아 시티는 이 문제를 해결할 수 있는 희망이다.

현대 도시가 가진
3가지 위기

지속 가능성의 위기

　현대에 이르기까지 도시의 성장 속도는 완만했다. 1970~2000년간 세계의 도시 면적은 불과 5만 8,000km² 증가했을 뿐이다. 그러나 미래의 문턱에 접어든 지금은 그 성장 속도가 다르다. 세계 각국은 빈곤을 탈출하기 위해 도시화에 의존한다. 대표적인 국가가 바로 중국이다. 시진핑 주석이 직접 나서서 슝안신구를 건설하겠다고 할 정도로 중국은 도시화를 통한 인민복지에 열을 올린다. 아시아개발은행에 따르면 중국에는 나흘 만에 하나씩 분당만 한 규모의 신도시가 지어질 정도로 도시 개발이 급진전 중이다.

　UN은 2030년이 되면 전 세계 인구 90억 명의 절반이 넘는 사람들이 도시와 그 주변부에서 살 것이라 예상한다. 도시 면적은 지금의 세 배에 이르는 120만 km²로 확대될 전망이다.

급격하게 팽창하는 도시는 자원을 잡아먹는 기계가 된다. 전 세계 이산화탄소의 70%가 도시에서 만들어진다. 미국국가정보위원회는 향후 10년 정도면 전 세계의 에너지, 식량, 물 수요가 공급보다 많아져 도시의 지속 가능성이 위협받을 것이라 지적했다. 특히 미국과 캐나다 등지에서는 도시가 전체 에너지의 1/3, 물자의 40%를 소비한다. 윌리엄 리스 브리티시컬럼비아대 교수는 제2차 세계대전 이후 정치가와 관료들은 도시를 만들면서 자원이나 환경 등의 요소를 전혀 고려하지 않았다고 말했다.

급격한 도시화는 지구의 환경적 지속 가능성을 위협한다. 중국과 인도 등에서 벌어지는 무분별한 도시화는 이런 우려를 현실감 있게 보여준다. 인도의 중앙오염통제위원회가 발표한 2017년 7월 기준 뉴델리의 초미세먼지 농도는 WHO 기준치의 40배 이상이었다. 인구 1,700만 명의 메가시티인 뉴델리에서 시민들은 대규모 휴교령과 열차중단 사태에 좌절감을 맛봐야 했다. 차량과 화력발전소 등에서 배출되는 이산화탄소는 뉴델리 시민의 삶을 직접적으로 위협했다.

김경동 서울대 사회학과 명예교수는 여시재 강연을 통해 "기술 발전으로 대표되는 산업혁명이 급속한 대량 생산과 소비, 산업 노동력의 도시 집중 등을 불러일으키며 농촌의 붕괴와 도시화라는 현상을 만들어냈다. 도시화는 21세기 인류 문명의 지속 가능성을 위협한다"고 말했다.

　이런 도시의 위기는 도시로 바로 잡아야 한다. 에드워드 글레이저 하버드대 교수는 《도시의 승리》를 통해 오늘날 환경오염 문제의 해법은 도시를 친환경적으로 만드는 것이라고 주장한다. 예를 들어 뉴욕 등 이산화탄소 발생이 낮은 일부 도시의 경우 자동차 출퇴근 비율이 30% 미만이다. 그러나 미국 전체 평균 자동차 출퇴근 비율은 86%에 이른다. 자동차 출퇴근이 없도록 도시를 설계하면 이산화탄소 발생은 당연히 줄어들 것이다. 도시로 인해 발생한 지구의 지속 가능성 위기를 도시가 해결할 수 있다는 것이 글레이저의 주장이다.

공동체의 위기

　전 세계의 절대 빈곤층은 줄고 있다. 특히 중국, 인도, 중동, 아프리카 등에 도시화가 진행되면서 하루 1.25달러(약 1,300원) 미만의 생활비로 살아가야 하는 절대 빈곤층은 더욱 줄어들 것으로 예상된다. 세계은행에 따르면 개발도상국의 절대 빈곤층의 비율은 1981년 51%에서 2011년에는 17%로 감소했다. 전 세계 인구가 같은 기간 45억 명에서 67억 명으로 급증했음에도 절대 빈곤층은 줄어든 것이다.

　앞에서도 말했듯 크레디트스위스은행은 2014년 기준 전 세계의 자산의 절반을 세계 인구의 상위 0.7%가 보유한다고 밝혔다. 세계경제포럼은 2014년 소득격차가 향후 10년 이내 가장 큰 위험이 될 것이라고 발표했다. 오늘날 개발도상국 가구들의 75%가 1990년대보다 소득 불평등이 늘어난 사회에서 살아간다.

오늘날 도시의 삶은 불평등을 오히려 심화시키는 방향으로 진화 중이다. 예를 들면 런던의 경우 빈곤층의 비율이 30%에 달하며 상위 10%의 소득이 하위 10% 소득의 평균 5.5배에 이르는 것으로 파악된다.

앙헬 구리아 OECD 사무총장은 2017년 박원순 서울시장과 공동 기자회견을 가진 후, 소득 불평등이 커진다는 점이 도시의 큰 문제라고 지적했다. 그리고 전 세계적으로 불평등이 나타나는데 소득 불평등을 포함해 사람들의 기대수명도 도시에서 격차가 벌어진다고 우려를 표시했다.

도시의 계층 문제는 다양한 배경을 안고 있다. 끊임없는 성장을 추구하는 근대 자본주의의 한계, 개인의 무한한 자유와 권리를 중시하는 근대 자유주의의 한계, 금전을 모든 성공의 표상으로 생각하는 탐욕적 물질주의의 한계 등이 그 배경이라는 주장들도 있다. 민주주의가 가진 의사결정구조의 한계, 국가 간 이해관계를 조율할 수 있는 시스템의 부재, 인류 전체의 이해관계보다는 특정 국가 중심의 국익을 우선시하는 근대 국민국가 체제의 문제가 표출된 결과라는 견해도 타당해 보인다.

문제는 이런 극단적 불평등을 양산하는 도시의 모델이 중국, 중동, 인도, 아프리카 등으로 퍼지면서 공동체의 지속 가능성을 위협한다는 데 있다. 한국에도 젠트리피케이션 문제가 나타나면서 많은 사람들이 도시 외곽으로 내쫓기는 현상이 생겼다. 그 과정에서 지배계층은 돈과 권력을 통해 피지배계층을 억눌러 공동체가 붕괴된다.

그렇다면 이런 시나리오를 피할 수 있는 도시개발 모델이 존재하지 않을까? UN은 이런 문제의식을 가지고 2017년부터 포용 도시inclusive city 모델 도입을 주장한다. 그러나 어떤 정책으로 포용 도시를 만들지는 정립되지 못한 상태다.

세대와의 단절 위기

4차 산업혁명이 도래한 지금, 기술의 진보가 지속적으로 급격히 이뤄진다면 미래의 도시는 어떤 모습을 띨까?

서울대 유기윤 교수는 미래 도시에서 상위 0.001%의 플랫폼 소유주들이 99.99%의 '불안한 시민들'을 지배하는 노동시장의 모습이 펼쳐질 것이라고 예측한다. 예를 들어 빌 게이츠, 마크 저커버그처럼 거대한 플랫폼을 만든 기업가와 그들에게 투자한 투자자들은 막대한 부를 거머쥔다. 그러나 대다수의 대중은 그 플랫폼에 종속되어 인공지능의 위협을 받으며 살아가는 프리랜서 노동자가 된다는 것이다. 유 교수는 이들을 '불안한 시민들'이라는 의미인 프레카리아트Precariat 라고 부른다.

미래 도시에서 대다수의 프레카리아트들은 말 그대로 불안한 상태에 놓인다. 일자리는 점차 인공지능으로 대체되고 사회의 부는 플랫폼 소유주들에게 집중된다. 이들에게 모든 시민권과 자유가 보장된 것처럼 보이지만 결국 생계가 불안한 종속의 삶을 살 수밖에 없다는 것이다.

일본의 국제분석 전문가인 후지이 겐키는 《90%가 하류로 전락한다》는 책을 통해 비단 인공지능이 아니라 하더라도 대다수의 중간계층 노동자가 몰락할 것이라 예언했다. 교육받은 일부에 의해 대다수 인간이 무용지물이 될 것이라는 말인데 다소 섬뜩하지만 그럴 듯한 예측이다.

인공지능, 자율주행차, 사물인터넷이 무차별로 도입되는 도시의 모습이 과연 미래 세대를 위해 올바른 것일까? 90%를 하류로 만드는 미래 도시의 모습이 과연 바람직하다고 할 수 있을까? 현재의 도시들은 미래 세대들이 살아갈 사회의 모습을 조금이라도 고려한 채 설계되는 것일까?

이런 문제들에 대해 뚜렷한 답을 갖지 못한 상태에서 전 세계에서 스마트 시티가 개발 중이다. 중국의 슝안신구 역시 마찬가지다.

시진핑이 꿈꾸는 중국의 미래 도시, 슝안신구

중국 베이징 중심부에서 차를 타고 1시간 정도 남쪽으로 나오면 허베이성으로 들어간다. 여기서 40분을 더 달리면 룽청현요금소가 보인다. 여기부터가 허베이성 룽청현, 슝현, 안신현 일부를 합쳐 만든 슝안신구다. 시진핑 주석이 구

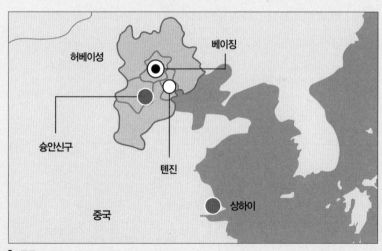

중국
슝안신구의 위치

상하는 중국 천년대계의 실천지로 평가받는 곳이다.

중국 공산당은 2017년 4월에 슝안신구 건설계획을 발표했다. 1980년대 선전, 1990년대 푸둥에 이어 중국의 모든 역량을 집중해 만드는 신도시가 바로 슝안신구다. 베이징 인근 내륙에 입지를 잡아 베이징의 도시 기능을 상당 부분 분산하겠다는 계획이다. 강과 바다가 없어 혁신만이 살 길이라는 배수진을 치고 만든 중국의 미래 도시다.

룽청현요금소로 들어오니 아직 개발의 손길이 닿지 않은 평범한 소도시가 모습을 드러냈다. 4차선 도로 양옆으로 낡은 중층 건물들이 죽 늘어서 있는데, 간판을 들여다보니 이 도시의 미래가 점쳐졌다. 중국건축공사, 중국교통건설, 중국철도건설, 베이징건설, 상하이건설, 후난건설 등 국영 건설 기업과 자회사들의 사무실이다. 시노하이드로, 신아오가스, 차이나모바일, 차이나유니콤 등 에너지 및 통신 인프라 업체는 물론이고 교통은행, 공상은행, 건설은행 등 인프라 전문은행의 간판도 보였다. 건설설계 사무소, 인테리어 업체들도 즐비했다. 중국의 국력이 이 땅에 집중될 것임을 예고하는 단면이다. 아직 외형이 드러나지 않았지만 알리바바, 텐센트, 바이두 등 중국 인터넷 업체들은 슝안신구 입주를 허락받고 클라우드 컴퓨팅, 스마트 의료, 스마트 모빌리티 관련 회사를 등록한 상태다.

구 시가지에서 벗어나니 허허벌판에 거대한 공사장이 모습을 드러낸다. 슝안신구 시민서비스 센터 등 10여 개 초대형 건축물이 생겼다. 중장비와 대형 트럭들이 흙먼지를 일으키며 수시로 드나든다. 점심시간 공사장 바로 앞 함바

슝안신구 시민서비스센터 등
10여 개의 초대형 건축물 건설 현장

집에서 식사를 마친 노동자들 수백 명이 삼삼오오 공사장으로 향한다. 공사장은 철저한 보안 속에 출입이 통제된다. 중국건축공사가 시공 중인 공사장 곳곳에는 최고의 기업이 공사한다는 의미의 빨간 깃발이 펄럭였다. 공사장 붉은 펜스에는 노란 글씨로 '글로벌 인사이트', '국제적 표준', '중국의 특색', '수준 높은 신도시 건설' 같은 구호가 적혀 있었다.

도심 중앙에는 KFC 같은 음식점을 포함한 대형 상가와 빌딩이 들어섰다. 여기서 만난 30대 중반의 린멍은 슝안신구 개발에 대한 기대를 드러냈다.

"정부의 슝안신구 발표 이후 학교와 병원 등 도심 인프라가 점점 좋아졌다. 과거엔 아이들 고등학교 입학할 때 다른 곳으로 이사를 많이 나갔는데, 요즘엔 나갔던 사람들이 다시 고향으로 들어온다. 슝안신구가 향후 일자리나 복지 환경 측면에서 천지개벽할 거라고 믿는다."

린멍의 어릴 적 친구로 베이징에 거주 중인 장신은 개발로 인한 변화에 대해 말했다.

"부모님이 아직 이곳에 사는데 철도 교통이 획기적으로 좋아지면서 오가기가 편해졌다. 농촌 사람들은 정부의 수용보상금을 많이 기대한다. 10~20년은 걸려야 신도시가 제대로 모습을 드러내겠지만 다시 이곳으로 호적을 바꾸려는 사람들이 주변에 많다."

다음은 대학교를 막 졸업한 류양의 말이다.

"여기서 자라 다른 도시로 대학을 갔는데 고향이 신도시로 개발되면서 일자리가 많아질 것 같아 다시 집으로 돌아왔다. 룽청현에 건설 기업들이 엄청나게 들어온 걸 보고 놀랐다."

중국 정부는 부동산 투기를 억제하기 위해 강력한 정책들을 쓰는 중이지만 슝안신구 내 집값은 1년 사이 4배가량 올랐다. 주민들에 따르면 ㎡당 1,300위안(약 22만 원)이던 집값이 정부의 정책 발표 후 1년 만에 5,000위안(약 84만 원)으로 뛰었다.

이데아 시티의
가치와 의미

세상에 없던 도시, 이데아 시티

아테네는 전쟁에서 스파르타에 졌지만 역사적으로는 승리했다. 무형의 아마존은 비즈니스 세계에서 만리장성과도 같았던 월마트를 넘어섰다. 집단지성의 상징인 위키피디아는 전통의 권위를 상징하는 브리태니커를 압도했다. 이 모든 거대한 변화들은 국민보고대회 연구진이 주장하는 이데아 시티가 톱다운 개발 방식의 도시들을 뛰어넘을 수 있는 가능성을 보여주는 근거다.

선진국 중 스마트 시티에 대해 가장 보수적으로 접근하는 일본의 도시전문가 토모나리 야시로 도쿄대 교수는 스마트 시티를 일컬어 '도시의 잠재력을 최대한 끌어올리고 약점을 최대한 줄이는, 체계적이고 지속 가능한 도시 설계 및 운영 기제'라고 했다. 결국 스마트 시티도 그 지역이 처한 입지와 시대적 상황에 맞게 끊임없이 변화해야 한다는 얘기다. 인구대국인 중국에 지속 가능한 대규모 메가시티가 필요하고, 지진이 잦은 일본은 에너지 레질리언스 스마트 시티에 집중해야 하는 이유다.

지속 가능하고 탄력적인 스마트 시티의 설계와 진화를 위해서는 자연과 인간, 도시의 구성물(빌딩, 교통, 상하수도 등)이 유기적으로 작용해 만들어지는 빅데이터를 모으고 처리해 최적화시키는 ICT 기술이 필수적이다. 도시가 복잡해지고 첨단기술이 적용될수록 빅데이터 처리를 위한 ICT 기술의 영향력은 늘어난다.

인류의 행복의 기준이 바뀐다는 것도 중요한 시사점이다. 인류의 생산성이 인구 증가를 쫓아가지 못하던 시절에 소유는 부의 척도이자 행복의 잣대였다. 하지만 이제는 삶의 질이 점점 더 중요한 행복의 기준이 된다. 시진핑 주석이 중국몽을 설파하면서 성장의 대척점에 행복, 아름다움, 환경 같은 키워드를 강조하는 것도 이런 변화의 기류다. 삶의 질은 인간이 디디고 사는 물리적 공간의 환경뿐 아니라 우리의 실생활에 이미 깊게 들어온 사이버공간의 환경도 중요하다. 중국의 젊은 엘리트들이 자국 정부 정책 중 가장 불만을 나타내는 것이 페이스북 같은 글로벌 SNS의 접근 제한이라는 점에서도 드러난다.

인간이 미래 도시에서 행복을 찾기 위해선 콜로세움이나 만리장성 같은 건축물뿐 아니라 자유롭게 소통하고 경험하고 교감하는 사이버 세상이 필수적이다. 군주제와 계급제를 민주주의가 대체하면서 새로운 인류의 지평을 열었듯이 이상적인 온라인 공론장은 또다시 새로운 가능성을 열어줏힐 것이다. 여기서 인간은 집단지성을 늘리고, 선입견 없이 평등한 개체로서 평가받으며, 개인 맞춤형 소비를 하고, 현실의 제약을 뛰어넘은 가상현실을 소비할 것이다.

아마존이 월마트를 이겼다

도시는 단순히 3차원의 건물들이 뭉친 물리적 공간이 아니다. 사람들의 생각과 문화가 뭉쳐서 움직이는 추상적 공간이다. 디지털 문명이 발달할수록 인간의 세상은 추상의 세계(이데아)가 물리적 세계를 압도한다. 가상의 암호화폐가 물리적 화폐를 대체하는 중이며, 인간의 뇌는 추상적 인공지능에 의해 대체되는 중이다. 전통적으로 유통 시장의 강자였던 월마트는 온라인에서 유통망을 펼친 신흥 주자인 아마존에 밀렸다. 도시를 물리적 공간으로만 보아서는 도시의 진면목을 더 이상 알 수 없다.

국민보고대회 연구진이 주장하는 이데아 시티는 도시의 설계 단계에서부터 추상의 세계를 가정하고 물리적 세계를 구성하자는 발상의 전환이 담겼다. 물리적 공간을 염두에 둔 도시 설계가 아니라, 가상의 생각과 문화와 지배 구조가 어떻게 작동할지를 염두에 둔 도시 설계를 하자는 것이다.

이미 안도라공국은 MIT의 미디어랩과 손잡고 마치 레고를 조립하듯이 가상 도시를 이리저리 만들어본 다음, 도시에 참여하는 사람들의 편리성을 고려해 실제 도시를 설계한다. 싱가포르도 다쏘시스템이 만든 가상현실 시스템인 버추얼 싱가포르를 통해 비슷한 시도를 하는 중이며, 중국의 화웨이도 디지털 도시를 먼저 가상으로 만드는 프로젝트를 추진한다고 밝혔다.

이렇게 도시 전체를 하나의 가상공간으로 설계해 현실로 구현하자는 아이디어는 발상의 전환이기도 하지만 도시를 보다 인간 중심적으로 만들자는 선언이기도 하다. 이제까지 인간은 역사적으로 형성된 도시 속에 적응하면서 살아왔다. 그러나 이제는 도시를 만들 때부터 그 도시에 입주해서 살아갈 인간의 기호와 성향을 중심으로 설계할 수 있다. 도시는 주어진 것이 아니라 만들어가는 것이 되는 셈이다.

상상해보라. 출근해서 일하고 퇴근하고 휴식하는 모든 공간이 나를 위해 설계되었다면 얼마나 황홀하겠는가? 이제까지 도시민들에게 자신을 위한 공간은 주거지역뿐이었다. 지하철, 회사, 카페 등의 공간은 내가 나를 위해 디자인된 곳이 아니라 누군가가 만든 공간에 내 몸을 밀어 넣는 곳이었다. 그러나 이데아 시티를 통해 도시 설계에 나의 의사를 담을 수 있다면 도시는 온전히 내 것이 된다.

물론 인간의 취향과 호불호는 시간과 상황이 변화하면서 바뀔 수 있다. 나를 위해 이상적으로 만들어진 도시 속에서 살다가도 상황이 변화하면 해당 도시를 떠날 수도 있다.

그러나 이데아 시티가 여러 곳에서 지속적으로 만들어진다면 어떨까? UN에 따르면 2050년까지 전 세계 인구의 2/3에 해당하는 63억 명이 도시에 거주할 것이라 한다. 오늘날 중국에는 한국의 분당신도시만 한 도시가 나흘마다 하나씩 생길 정도로 도시화의 추세가 급격하다. 그렇다면 사람들은 자신의 선호가 완전히 반영된 도시를 찾아가는 게 지금보다 훨씬 쉬워지지 않을까?

아테네가 스파르타를 이겼다

오늘날 도시민이 겪는 문제의 대부분은 분열에 의한 것이다. 도시에 사는 특정 계층이 특정 지역에만 몰려 사는 슬럼화 문제가 대표적이다. 특정 계급이나 민족이 아니어도 이해관계에 따라 집단끼리 격렬하게 대립하기도 한다.

카풀 애플리케이션을 합법화하자고 주장하는 기업가와 기존 택시운수사업자는 입장차가 매우 다르기 때문에 국회라는 공론장을 대결의 장으로 바꿔버린다. 한국의 원격의료 서비스의 경우도 특정 의료집단의 이해관계 때문에 혁신적 기업가가 탄생할 수 없는 상황에 빠졌다. 노인병원이나 장애인학교 등을 내 집 주변에 짓지 못하게 하는 님비 현상도 도시를 움직이지 못하게 하는 문제다. 많은 언론과 지식인들이 이런 문제를 '규제의 문제'라고 지적한다. 그러나 규제의 문제라기보다는 입장의 문제다. 이해관계가 첨예한 집단 사이에서 어느 한쪽이 양보를 해야 끝나는 상황이라면 양보를 끌어낼 수 있도록 대화하고 타협하는 자세가 필요하다. 위르겐 하버마스가 말한 공론장을 통해 상대를 이성적으로 이해시키는 작업이 필요하다는 얘기다.

이데아 시티는 이런 상황을 타개할 수 있는 가능성을 가진다. 이데아 시티는 시작 단계에서부터 공론장을 기초로 하기 때문이다. 도시에 참여하는 사람들이 미리 대화하지 않으면 이데아 시티는 건설될 수 없다. 이 과정에서 참여자 사이의 이해관계가 사전에 잘 합의되고 정의될 가능성이 있다는 게 이데아 시티가 가진 가치다. 반대로 말하면 이데아 시티를 만들 때에는 사전에 공론장이 전제돼야만 그 본래의 취지를 살릴 수 있다.

펠로폰네소스 전쟁에서 아테네는 스파르타에 무릎을 꿇었다. 하지만 권위주의 체제의 스파르타는 아테네의 정신만은 정복할 수 없었다. 정복자는 결국 패배자의 문화에 동화되었다. 아테네의 민주주의는 마케도니아의 알렉산드로스 대왕이 이 지역을 지배한 이후에도 살아남아 오늘날까지 전해진다. 아테네가 결국 정신적으로 스파르타보다 뛰어난 문명을 우리에게 전해주었던 것처럼, 이데아 시티는 권위주의와 폭력이 아닌 공론장을 통해 도시의 분열 문제를 해결하는 뛰어난 문명을 전달할 가능성을 가진다.

위키피디아가 브리태니커를 이겼다

《브리태니커 백과사전》은 1768년 영국 스코틀랜드의 수도 에든버러에서 초판이 발행되었다. 세계에서 가장 오래된 백과사전이었기에 상당한 권위를 가진 지식의 보물창고였다. 그러나 개인용컴퓨터가 보급되면서 브리태니커는 위기감을 느낀다. 이 무지막지한 괴물 같은 존재 앞에 오프라인 책자가 곧 먹혀버릴 수 있다는 것을 직감한 것이다. 이에 따라 브리태니커는 1989년에 사전을 CD로 판매할 결심을 했다. 1993년에는 도메인EB.com을 등록하고 인터넷 시대를 대비하기도 했다. 그러나 이 모든 시도들은 실패로 돌아갔다. 판매량이 급감했고 결국 2012년 3월에 오프라인 백과 발행을 중단키로 했다. 알면서도 침몰할 수밖에 없었던 것이다. 이 모든 일은 왜 벌어진 것일까?

다수의 경영학자들은 브리태니커 사례를 디지털 사회의 시민 문화가 현실 세계의 시민 문화와 다른 근거로 꼽는다. 오프라인 세계에서 사람들은 브리태니커와 같은 백과사전을 수동적으로 소비하고, 때에 따라 자신이 추가적으로 알고 있는 지식이 있다면 그저 주변 사람들에게만 전파하고 끝난다.

그러나 온라인 세계에서는 그렇지 않다. 뭔가를 알고 있다면 그 사실을 공유하고 싶어 하는 것은 인간의 본능과도 같고, 지식은 공유될 때 그 가치를 발휘하기 때문이다. 결국 위키피디아는 브리태니커의 쇠락을

몰고 온 직접적 원인이 됐다. 누구나 자신이 가진 지식을 인터넷에 올릴 수 있고 수많은 사람들이 지식을 활용하면서 검증한다. 이런 집단지성의 힘은 브리태니커가 CD를 만들고 도메인을 만들 때는 상상할 수 없었던 새로운 문화였다.

기존의 도시는 브리태니커와 같다. 이들 도시에서 사람들은 도시에서의 삶과 경험, 지식, 데이터를 자신만이 가지려 한다. 그러나 이데아 시티의 사람들은 지식과 데이터를 공유하기로 동의한 위키피디아의 참여자와 같다. 이들은 자신이 살았던 도시에서의 각종 실험들 자율주행차, 사물인터넷과 같은 신기술뿐 아니라 블록체인 기반의 새로운 거버넌스 등에 대한 실험이 어떤 결과들을 가져왔고 어떤 효과가 있었는지를 타인들과 공유하면서 새로운 실험 기록들을 써내려갈 것이다.

이데아 시티를 성공적으로 만들기 위해 개인들의 실험 참여와 데이터, 지식 제공은 필수적 요소이다. 즉, 집단지성이 녹아들 수 있는 공간으로서 이데아 시티를 설계하는 것이 스마트 시티를 위한 핵심전략 중 하나라는 것이다.

클라우드 2050
알리바바와 스타트업이 만들어가는 집단지성

국가적 획일주의를 중시하는 중국도 집단지성을 통한 다양성의 힘을 믿는다. 국민보고대회 연구진은 중국 저장성 항저우 서남쪽에 있는 클라우드산업단지에서 그 단초를 읽을 수 있었다. 항저우시 정부와 알리바바가 공동으로 만든 조성한 이 단지는 2020년까지 클라우드 컴퓨팅과 빅데이터, 블록체인 등 4차 산업혁명의 메카로 자리 잡겠다는 계획이다. 현재 알리바바 산하 클라우드 사업 부문인 알리윈의 본사도 이 단지 내에 있다.

항저우역에서 차로 40분 정도 걸리는 이 단지에 들어서면 깔끔하게 정리된 주거단지와 생활편의시설이 눈에 들어온다. 단지 안에는 순수 전기버스가 유유히 승객을 실어 나르고, 시원스럽게 조성된 전시장과 컨벤션센터, 대형 스포츠 시설들이 자리 잡았다.

항저우 클라우드산업단지에는 중국답지 않은 고요함과 평온함이 느껴졌다. 그런데 중앙에 있는 대형 컨벤션센터에선 안이 훤히 들여다보이는 중소형 방

'클라우드 2050'에서 발언 중인
왕첸 알리바바 CTO

에서 50여 명의 젊은이들이 가운데 무대를 둘러싸고 테드TED, Technology, Entertainment, Design 식 강연을 듣는다. 방 안으로 들어서자 등받이 없는 의자나 쿠션에 몸을 반 정도 뉘인 사람들이 서로 웃고 떠들며 강연을 즐기는 장면이 보였다. 바로 알리바바와 항저우 클라우드산업단지가 지원하는 '클라우드 2050' 킥오프 현장이었다.

그런데 가장 앞자리서 강연을 듣던 편안한 옷차림의 중년이 무대 위로 올라가 앞에 말한 사람과 생각이 다르다며 청중들에게 농담을 던졌다. 바로 그가 알리바바그룹의 3인자이자 중국 클라우드 컴퓨팅의 대부로 불리는 왕첸 알리바바 CTO다. 행사 직후 국민보고대회 연구진과 만난 왕첸 CTO는 외국에서 오신 손님이 있는지 모르고 우리끼리 중국말로 떠들어서 미안하다며 먼저 악수를 건넸다. 그리고는 젊은이들이 모이는 페스티벌에 한국을 포함한 많은 이들이 참여했으면 좋겠다고 말도 빼놓지 않았다.

이날 행사장에서 만난 알리바바 홍보임원인 진무는 '클라우드 2050' 행사에 대해 이렇게 소개했다.

"우리는 전 세계의 혁신적이고 아이디어 넘치는 젊은이들을 원한다. 그들이 여기에 모여 같이 생각하고 말하다보면 뭔가 재미있는 게 나오지 않겠나? 알리바바같이 성장하는 스타트업이 나올 수도 있고 아닐 수도 있지만 사람이 제일 중요하다는 게 확고한 생각이다. 왕첸 CTO도 핀란드 헬싱키 슬러시 행사를 두세 번 다녀왔는데 중국에서도 그런 콘셉트의 스타트업 축제가 필요하다는 생각을 가졌다."

알리바바를 중심으로 항저우 젊은이들이 계획 중인 행사가 바로 '클라우드 2050'이다. 핀란드 헬싱키에서 열리는 '슬러시' 같은 스타트업 페스티벌의 중국 버전이다. 2018년 5월에 열릴 이 행사에는 중국 스타트업과 대학생들은 물론 미국컴퓨팅협회 주최 프로그래밍 대회 수상자, 미국 〈MIT 테크놀로지 리뷰〉가 주최한 '35세 이하 혁신 청년 35인' 수상자, 일본 타쿠미이노베이터의 인큐베이팅을 받는 스타트업 등의 참석이 확정됐다.

이데아 시티,
한국의 미래가 되어야 한다

메가시티의 종말

경남 통영시 봉평지구에는 폐업한 조선소인 신아SB의 간판만이 덩그러니 남아 있다. 전 세계를 이끌어온 한국 조선 산업의 상징과도 같았던 울산과 거제도, 군산 등은 급격히 쇠락 중이다. 영국이 대형 철선 제조로 전 세계 조선 시장을 석권한 후, 임금수준이 낮은 북유럽이 그 왕좌를 물려받았고, 그 다음에는 초대형 자본과 시장이 결합한 미국으로, 또 그 다음에는 첨단 용접기술로 무장한 일본으로 조선 산업의 중심은 끊임없이 변해왔다.

이 거대한 동진은 20여 년간 한국을 세계 최대 조선·해양 플랜트 국가에 올려놨고, 이제 중국이나 베트남 등으로 그 힘이 기울었다. 거대한 산업의 변화로 인한 경남권 조선 벨트의 몰락은 도시의 미래를 어떻게 재설계해야 하는지에 대한 문제를 우리 사회에 정면으로 던진다.

그러나 문제는 그뿐만이 아니다. 눈을 돌려보면 우리의 지방 도시는 소멸의 위기를 겪는 중이다. 경북 의성군, 전남 고흥군, 경북 군위군, 경남 합천군, 경남 남해군 등은 30년 이내에 사라질 가능성이 높은 지자체로 꼽힌다. 마강래 중앙대 도시계획학부 교수에 의하면 한국 지자체 30% 정도는 2040년이 되면 제 기능을 상실할 가능성이 높다고 한다. 최근 미국, 일본 등의 도시 소멸 사례처럼 산업이 쇠퇴하고 인구가 줄면서 세수가 줄어들고, 덩달아 공공보안 인력이 급감하면서 흉악 범죄가 급증하고 살기 힘들어지는 도시가 등장한다. 미국의 디트로이트가 대표적이다.

오늘날 4차 산업혁명은 350만 년 동안 인간이 지구에 살면서 겪었던 수많은 문제와는 다른 종류의 난제를 던진다. 인간을 대체하는 로봇이 등장하면서 도시에 살아가는 사람들은 높은 물가를 맞출 수 있는 소득을 어떻게 벌어야 할지 불안하기 짝이 없다. 더군다나 각종 인공지능 서비스들이 도입되어 일자리가 줄어들 위협이 커졌다.

아시아로 눈을 돌려보자. 중국의 도시는 더욱 문제가 심각하다. 미국식 소비주의 문화가 중국의 도시에 그대로 이식되어 자원의 대량 생산 및 소비가 그대로 이뤄진다. 이는 이산화탄소 배출과도 연결되어 인근

국가에까지 미세먼지 효과로 피해를 준다. 중국 도시에 만연한 배금주의 문화는 공동체 의식을 붕괴시켜 현 세대는 물론 미래 세대에 이르기까지 도시 공동체가 지속 가능할지를 의심스럽게 한다.

이런 각종 문제 속에서 도시는 어떻게 부활의 총성을 쏠 것인가? 국민보고대회 연구진은 한국이 인간 중심적 스마트 시티 전략을 실천해 전 세계에 하나의 초석을 세워야 한다고 주장한다. 정부는 통영시 봉평지구를 스마트 도시재생 뉴딜 시범사업 시행지역으로 선정했다. 이 사업에는 1조 1,041억 원의 총사업비가 투입된다. 사업구역은 50만 9,687m²로 신아SB 대지를 포함한 인근 주거밀집지역이다.

통영시는 이번 사업 선정을 통해 신아SB 대지에 조선 시설을 재활용한 세계적인 해양공원을 조성하고 이를 해양관광 앵커 시설과 연계해 해양 산업과 관련된 창업지원센터를 운영하는 등 해양관광 거점 지역으로 재생한다는 계획이다. 그러나 이 외에도 어떤 가치를 통영시에 담을 것인지에 대한 깊은 고민이 필요하다.

국민보고대회 연구진은 이러한 고민을 특정 건축가나 설계자의 몫으로만 돌려서는 안 된다고 주장한다. 혁신적 아이디어를 가진 기업가들에게 통영시를 되살릴 수 있는 아이디어를 받고 이를 현실화할 수 있도록 지원하는 플랫폼을 만들자는 것이다.

지방 소멸을 겪는 수많은 도시에 이데아 시티 개념은 의미가 있다. 애당초 이데아 시티는 백지 상태에서 출발할 수밖에 없는 숙명을 가진 도시이기 때문에 소멸이 진행되는 도시가 더 적합할 수도 있다. 뛰어난 교통-에너지 인프라만 갖춰진다면 말이다. 인간을 대체하는 인공지능이 등장하는 4차 산업혁명 시대에도 이데아 시티는 대안이 될 수 있다. 엔리코 모레티 캘리포니아대 버클리캠퍼스 경제학과 교수가 주장하는 것처럼 혁신적 기업가 1명은 5명의 일반적 일자리를 창출한다. 일반 제조업 고용자 1명이 3명의 일자리를 만드는 것에 비해 뛰어나다.

인공지능이 언젠가는 인간의 노동을 완전히 대체할지는 모르지만, 인간의 창조적 혁신 활동까지 따라 하기란 당분간은 어려울 것이다. 그렇다면 당분간 이데아 시티가 일자리를 만드는 원천이 될 가능성이 높다. 중국의 도시가 가진 수많은 지속 가능성의 문제도 이데아 시티를 통해서라면 해결의 단초가 보인다. 이데아 시티를 통해 공론장이 형성되면 도시 공동체의 의미는 보다 깊어질 수 있기 때문이다.

이데아 시티는 오늘날 도래하는 수많은 도시문제를 해결할 좋은 방법론이다. 수많은 국가에서 비슷한 시도를 하는 중이다. 한국은 그 진정한 가치를 담은 실증 단지를 빨리 만들 수 있는 환경이 잘 갖춰졌다. 스마트 시티 사업에 적극적인 정부, 지방분권 개헌을 앞둔 시점, 소멸을 앞둔 지방정부의 위기의식, 과거 분당신도시, 일산신도시 등을 만든 도시개발 경험 등이 장점으로 작용하기 때문이다. 이를 되새김질해서 새로운 도시를 만드는 데 앞장서야 한다.

이제 이데아 시티를 주목하라

이데아 시티는 궁극적으로 중소도시를 지향한다. 사우디아라비아의 네옴 같은 대형 사업을 이데아 시티와 같은 방법론으로 건설하기란 아직까지 불가능에 가깝다. 김갑성 연세대 건축도시공학부 교수 역시 33만 m² 정도의 면적에 인구 5만 명 정도의 규모가 이데아 시티에 적합하다고 언급했다. 이 외에도 이데아 시티를 메가시티가 아닌 중소형 도시로 만들어야 하는 다른 이유들도 있다.

첫째, 메가시티 모델은 심각한 지속 가능성 문제를 가진다. 오늘날 전 세계에서 인구 1,000만 명 이상의 메가시티는 전 세계 인구의 6.7%를 차지한다. 그러나 이들이 쓰는 전기는 전 세계 소비량의 9.3%에 달하고 배출하는 쓰레기는 전 세계의 12.6%를 차지한다.

도시환경학자인 카렌 세토 예일대 교수의 연구에 따르면 2030년에 도시화될 지역의 절반 이상은 아직 아무것도 없는 곳으로 생물학적 다양성 보존에서 중요한 지점이다. 메가시티가 지속적으로 확장되면 자연환경의 파괴에 직접적 영향을 준다. 이런 메가시티의 소모적 측면에 대한 반성으로 이데아 시티가 지향하는 중소형 도시 모델이 대안으로 떠올랐다. 메가시티가 지속 가능성에 문제가 있다면 이데아 시티는 지속 가능성을 염두에 두고 개발될 필요가 있다.

둘째, 비현실적 팽창 전략에 대한 반성이다. 현재 한국의 지방 도시들이 너 나 할 것 없이 내놓은 도시기본계획 인구를 다 합치면 향후 10년 뒤 한국의 인구는 6,400만 명이 되어야 한다. 이런 낙관적 전망에 기초한 도시재생 또는 도시 인프라 확충 사업은 몰락하는 지방 도시를 되살리기 위한 정치권의 비현실적 공약이다. 어쩌면 지방 도시에 정말 필요한 것은 쇠락한 지역을 예전 자연 상태로 되돌리고, 이용이 더 집약적인 곳은 이데아 시티 형식으로 개발해 일자리를 창출하는 창조 산업들을 키우는 적정 규모의 도시개발 전략일지도 모른다.

실제로 디트로이트는 1950년대 200만 명 정도 되는 인구가 현재 70만 명 정도로 줄어들었는데 그 과정에서 10채 중 1채가 빈집이 되어버렸다. 이를 위해 나온 정책은 인구가 밀집되지 않은 지역에 공공서비스 공급을 제한함으로써 인구가 집중되는 지역으로 이주를 유도한 것이었다. 다소 우악스러운 정책이었다. 그러나 이데아 시티를 통해 인구 밀집을 유도한다면 어떨까? 인구가 과밀하지 않은 지역에 있는 사람들에게 이데아 시티의 입주 인센티브를 주면서 자연스럽게 사람들이 모이도록 유도한다면 토지는 더욱 효율적으로 사용될 것이고 도시는 활력을 되찾을 수 있다.

셋째, 메가시티의 장점은 대부분 인구 증가에 따른 효과다. 예를 들어 한 도시의 인구가 400만 명에서 800만 명으로 두 배 늘어나면 1인당 도시민들의 임금과 특허 수는 15%씩 늘어났다. 즉, 인구 800만 도시의 경제력은 400만 명인 두 도시의 경제력에 비해 약 15% 정도 높았다. 여기에 인구 800만 도시는 인구 400만 도시에 비해 인프라가 15% 정도 덜 필요했다. 그런데 이런 인구 증가의 효과는 인구가 4만에서 8만 명으로 늘어날 때도 똑같이 적용된다. 즉, 4만에서 8만 명으로 도시 인구가 늘어나면 경제력이 이전에 비해 약 15% 정도 높아진다. 8만 도시가 4만 명 도시에 비해 인프라가 15% 정도 덜 필요했다.

규모 덕분에 메가시티가 경제력과 효율성을 대량으로 극대화할 수 있지만 중소형 이데아 시티들이 동시다발적으로 늘어난다면 전체적 경제효과는 같다. 즉, 인구 400만 명에서 800만 명으로 늘어나는 메가시티가 하나 있는 것과, 인구 4만에서 8만으로 늘어나는 중소형 도시가 100개 있는 것은 전체 경제효과 측면에서 크게 차이 나지 않는다.

오히려 지속 가능성과 도시재생 측면에서 이데아 시티를 통한 중소형 도시가 메가시티보다 훨씬 나은 대안을 제시해줄 수도 있다. 물론 이데아 시티가 메가시티를 누르는 완벽한 대안이라고 말할 수 없지만 메가시티의 장점을 살리고 단점을 보완할 수 있다는 점은 분명해 보인다.

도움 주신 분들

고영명
포스텍 교수

곽창호
포스코경영연구원장

김갑성
연세대학교 교수, 4차 산업혁명위원회
스마트시티특위 위원장

김긍구
한국원자력연구원 SMART개발사업단장

김도연
포스텍 총장

김선경
한미약품 JVM 부사장

김윤미
주한 핀란드 무역대표부 대표

박미화
포스코ICT 상무

박주홍
포스텍 교수

백기석
닛켄설계(NIKKEN) 종합연구소 연구원

서정일
여시재 도시팀장

송민석
포스텍 교수

신동직
메디젠휴먼케어 CEO

양태영
테라펀딩 CEO

유인상
LG CNS 스마트시티 추진단장

이광재
재단법인 여시재 원장

이은솔
메디블록 공동대표

이인섭
대구도시공사 수성스마트시티사업단 과장

이재용
국토연구원 도시연구본부 스마트녹색도시
연구센터 센터장

장석재
포스밸류 CEO

전하진
전 국회의원, Siti Plan CEO

정제호
포스리 수석연구원

조대현
국토교통부 R&D 국토교통과학진흥원 본부장

조상우
DPR컨스트럭션 아시아대표

조영태
세종연구원 박사

조용두
포스리 산업연구센터장

조현태
LH 스마트시티 본부장

조호길
중공중앙당교 교수

최남희
한국교통대 교수

최동구
포스텍 교수

최형욱
주한 핀란드 무역대표부 수석상무관

한응문
국토교통부 R&D 국토교통과학진흥원 부장

황종성
한국정보화진흥원(NIA) 박사
황형주 포스텍 교수

Anni Sinnemaki(안니 씨인네마끼)
헬싱키 부시장

Ashley Kemball-Cook(애슐리 캠벨 쿡)
콰드레 공동설립자

Atul Khanzode(아툴 캔조디)
DPR컨스트럭션 기술 및 혁신 담당 임원

Dolfi Müller(돌피 뮬러)
주크 시장

Eero Suominen(에에로 수오미넨)
주한 핀란드 대사

Erik Freudenthal(에릭 프루덴탈)
하마비 허스터드 환경정보센터장

Gilbert Saboya(길버트 사보야)
안도라 경제혁신부 장관

Harri Santamala(하리 산타마라)
Sensible 4 CEO

John Baekelsman(존 베켈스만)
imec 부사장

Jordi Nadal(조르디 나달)
안도라텔레콤 사장

Kasper Korjus(캐스퍼 코르후스)
에스토니아 E-Residency 국장

Kersti Kaljulaid(케르스티 칼리울라이드)
에스토니아 대통령

Laurence Kemball-Cook(로렌스 캠벨 쿡)
페이브젠 CEO

Matthew Shampine(매튜 샴파인)
위워크 한국 담당 제너럴매니저

Oliver T. Bussmann(올리버 부스만)
크립토밸리협회 회장

Ott Vatter(오이트 밭텔)
에스토니아 E-Residency 부국장

Paul Manwaring(폴 맨워링)
암스테르담 IoT 리빙랩 CEO

Pekka Motto(페까 모또)
KYYTi CEO

미요시 카토
타이세이건설 에너지사업전략본부장

신지 야마무라
닛켄설계(NIKKEN) 이사(스마트시티 부문)

자오위
재단법인 여시재 솔루션디자이너

히로야 미마키
UDCK 부소장